비·행·기·에·서· 끝·내·는

新 인도, 인도인 이야기

비행기에서 끝내는
新 인도, 인도인 이야기

초판 1쇄 2008년 10월 6일

지은이 원형진
펴낸이 김석규 **담당 PD** 한지은 **펴낸곳** 매경출판(주)
등록 2003년 4월 24일(NO. 2-3759)
주소 우)100-728 서울 중구 필동 1가 30번지 매경미디어센터 9층
전화 02)2000-2610(출판팀) 02)2000-2636(영업팀)
팩스 02)2000-2609 **이메일** publish@mk.co.kr
인쇄·제본 (주)M-print 031)8071-0961

ISBN 978-89-7442-534-0(03980)
값 9,800원

비·행·기·에·서·끝·내·는

新
인도, 인도인 이야기

원형진 지음

매일경제신문사

| 서문 |

  인도가 어떤 나라인지, 어떤 모습을 하고 있는지 전혀 알지 못했던 2000년 겨울, 나는 그곳으로 여행을 떠나게 되었다. 주변 사람들은 대부분 "인도는 왜? 안 가본 나라도 많은데", "거긴 뭐 하러? 어디 있는 나란데?"라는 반응이었다.

  그러나 난 그들의 시선을 뒤로 한 채 인도여행을 시작하게 되었고, 결국 내 인생을 바꾸어 놓은 5주 동안의 시간을 보내게 되었다. 한국으로 돌아온 후 얼마 지나지 않아 인도로의 유학을 결심하고 떠나게 되었을 때, 이번엔 "살러간다"는 말에 그들은 나를 이상한 사람으로 보기 시작했다, 그때까지만 해도 인도에 대한 우리의 관심과 정보는 극히 제한적이었기 때문에 나의 결정은 주위사람들에게 많은 호기심과 화젯거리가 되었다.

  나는 인도로 떠나기 전은 물론 학업을 마치고 귀국한 후에도 종종 "왜 인도야?"란 질문을 받았고, 처음 인도와 인연을 맺은 지 8년이 지난 지금도 비슷한 질문을 받곤 한다.

  경제적인 발전과 함께 여러 대중매체에 알려지면서 우리에게 조금 더 가까워졌을 법하지만 아직도 인도는 먼 나라, 낯선 나라로 인식되고 있는 것 같다.

타지마할, 갠지스강, 간디. 우리에겐 아직 이 정도밖에 떠오르지 않는 나라, 신비의 베일 속에 가려져 있는 것만 같은 나라, 인도는 과연 어떤 곳일까?

여행, 사업, 유학 등 인도로 가는 목적은 서로 달라도 우리에게 인도는 모든 것이 다양하고 낯설며 이해할 수 없는 문화적 충돌을 줄 수 있는 곳이다. 그렇기 때문에 자신의 여행일정, 목적, 관심분야를 적절히 타진해 출발하기 전 철저한 계획이 선행되어야 할 것이다.

어떠한 목적이든 인도를 다녀온 사람들은 보통 두 부류로 나누어진다. 인도를 좋아하고 동경하며 다음에 다시 올 것을 기약하는 사람들과, 그곳을 경멸하고 야유하며 인간이 살 수 없는 곳으로 묘사하는 사람들이다.

그렇다면 지금 인도에 첫 발을 내딛는 우리는 어떤 태도로 그곳을 받아들여야 할까? 전자나 후자처럼 흑백논리에 젖어 좋으면 동경하고, 싫으면 경멸해야 되는 것일까?

우린 인도라는 잘 알지 못하는 나라에 첫 발을 내딛는 여행자이며 이방인이다. 한때 화제가 되었던 다큐영화, 〈쇼킹 아시아〉에 나오는 말도 안 되는 상상과 선입견을 버리고 그저 있는 그대로 그들을 바라보고 느끼면 되는 것이다. 좋아하거나 동경할 필요도, 싫어하거나 경멸할 필요도 없다.

여행에서 무엇을 얻어 가는 것도 중요하지만 우리의 두 눈으로 그들을 바라보고 느낄 수만 있다면 그것만으로도 인도 여행은 성공한 것이 아닐까 생각해본다.

'로마에 가면 로마의 법을 따르라'는 말처럼 그곳에선 우리들의 기준이 아닌 그들의 기준에서 모든 것을 바라보고 느껴야 한다. 그럴 수만 있다면 인도는 당신에게 더 이상 먼 나라가 아닐 것이다. 기억에 남을 만한 멋진 사진도 여행에 필요하지만, 아무것도 과장되지 않은 그대로의 인도와 그들을 순수한 눈빛으로 받아들이고 느끼는 것이 더 중요하지 않을까.

나는 역사학자도 아니고 그렇다고 인도에 정통한 정치, 경제 전문가는 더더욱 아니다. 내가 이 책을 쓴 이유는 인도에 다가가려는 사람들에게 영적이고 신비스러운 환상을 주려함도 아니고, '그들은 가난하지만 행복하게 살고 있어'라는 말로 인도를 난센스를 말하려 함도 아니다.

그저 내가 인도를 경험하고 느끼고 그곳에서 공부했던 것을 있는 그대로 과장되지 않게 보여주고 싶을 뿐이다. 목적이 어떻든 인도에 첫 발을 내딛기 전, 내가 쓴 이 글이 인도를 이해하고 느끼는 데 작은 도움이 되었으면 하는 바람이다.

인도지기 **원 형 진**

| 목차 |

I 광활한 대륙의 자연과 기후
광활한 대륙의 거대한 코끼리 ■13
아프리카보다 더운 나라, 여름 이야기 ■19
봄과 가을이 없는 나라, 겨울이야기 ■27
비에 의해 좌우되는 경제성장률, 몬순 이야기 ■32
동물과 공생하는 나라, 동물이야기 ■41
끝없는 자연 재해 ■49
이곳만은 꼭 가보자 I 인도의 관문 델리 ■54

II 찬란한 반만년의 역사
인더스 문명과 고대국가 사회 ■61
이슬람의 침입과 델리술탄시대 ■64
찬란한 역사 무굴제국 ■68
위대한 왕 악바르대제 ■73
유럽열강들의 인도진출과 최후의 승자 영국 ■77
민족 반영(反英), 세포이 항쟁 ■82
인도의 우상, 인도의 아버지 마하트마 간디 ■87
이곳만은 꼭 가보자 II 사랑으로 지어진 세계에서 가장 아름다운 건축물 타지마할 ■93

III 종교의 나라, 이보다 더 다양할 수 없다
종교가 아닌 삶, 힌두교 ■100
소외된 역사의 지배자, 이슬람 ■107
인도사람들은 모두 터번을 쓰고 다닌다? ■112
붓다의 나라에서 사라진 불교 ■117
불살생의 자이나교 ■121
예수는 힌두신의 화신 ■125
끊이지 않는 종교 갈등 ■129
이곳만은 꼭 가보자 III 인도의 어머니 갠지스강의 바라나시 ■134

IV 복잡하고 다양한 사회와 문화

불평등이 존재하는 세계 최대 민주주의 국가 ■141

신의 아들, 그들은 누구인가? ■147

여자라는 이유만으로 슬픈 나라 ■154

남성도 여성도 아닌, 중성의 사람들 ■160

과거와 현재의 공존, 인도의 농촌과 도시 ■165

인도의 말 말 말, 말 많은 나라 ■171

인도의 공용어, 영어가 경쟁력이다 ■175

소가 신성시되는 나라? ■179

축제의 나라, 홀리와 디왈리 ■185

인디아 타임, 에꼬 미니트 ■192

`이곳만은 꼭 가보자 IV` 미투나(남녀 성교합)상의 카주라호 ■197

V 교육과 엔터테인먼트

19단에서 시작하는 인도의 교육 ■203

IT 강국, 지식 아웃소싱의 나라 ■209

배울 수 없는 아이들 ■214

먹을 것도 많고 탈도 많은 인도의 먹거리 ■219

뚱뚱한 채식주의자들 ■224

종교가 되어버린 크리켓 ■230

할리우드 부럽지 않은 볼리우드 ■234

요가의 나라 ■239

내 눈 안에 인도 ■243

`이곳만은 꼭 가보자 V` 마지막 남은 천혜의 자연, 아시아의 알프스 라닥 ■247

부록 간단한 여행 힌디어 ■251

I

광활한 대륙의
자연과 기후

2박 3일 동안 50시간 넘게 기차를 타고 델리에서 '깨랄라(Kerala)'라는 인도 최남단 도시로 여행을 떠났다. 기차 안에서 7번의 끼니를 때우고 씻기는커녕 얼굴에 물도 한 번 제대로 못 적신 상황이었다.

기차를 타고 서울과 부산을 가도 3시간이 채 안 걸리는데 인도는 왜 이리도 오래 걸리는 것일까? 기차가 느려서일까? 아님 땅이 넓어서일까? 가도 가도 끝이 보이지 않는 땅, 인도.

30분이 멀다하고 열차 타임데이블을 보며 이제 어디쯤 왔나, 얼마나 왔나를 확인하면서 지겨움에 몸을 뒤틀고 있는 나의 모습과는 달리 인도 승객들은 아무렇지 않게 그저 창밖을 보고 차를 마시고 수다를 떨고 있었다. 기차가 30분을 서 있든, 한 시간을 서 있든 아무런 신경을 쓰지 않는 것처럼 보였다. 어차피 언젠가는 목적지에 도착할 수 있으니까…. 그게 내일이든 일주일 후든 그들에겐 중요해 보이지 않았다. 그곳이 인도였다.

광활한 대륙의 거대한 코끼리

과연 인도는 얼마나 큰 나라이고 얼마나 많은 인구를 가진 나라일까? 중고등학교 때 세계지리에서 배운 대충의 위치만 기억한다면 지도에서 쉽게 찾을 수 있을 만큼 큰 나라이긴 하다. 그러나 직접 가보지 않았다면, 직접 갔어도 기차나 비행기를 타고 지도에서 본 도시들을 이동해 보지 않았다면 실감하기 힘들 수도 있다.

수치상으로만 보아도 인도는 328만km^{2}의 면적을 가진 나라로 9만 9,000km^{2}인 남한 면적의 33배, 22만km^{2}인 한반도 전체면적의 15배나 되는 세계에서 일곱 번째로 큰 나라다.

남과 북의 길이만도 3,000km가 넘는다. 기차나 버스를 타고 12시간 정도 이동하는 건 짧은 거리고, 하루 24시간을 꼬박 기차 안에서 보내야 조금 멀리 왔다고 생각할 정도다. 현재의 지도가 만들어지기 전, 인도에 속해 있었던 파키스탄과 방글라데시 등

지금의 이웃나라까지 포함한다면 그 면적은 훨씬 넓어진다.

2007년 기준 인도의 인구는 11억 7,000만 명으로 중국의 13억 3,000만 명에 불과 1억 6,000만 명 뒤지는 세계 2위의 인구 대국이다. 세계 인구가 약 66억 명 정도라고 하니 전 세계 여섯 사람 중 한 사람은 인도사람인 것이다. 게다가 통계에 기록되지 않은 인구까지 합치면 실제 인구는 훨씬 많다고 한다.

혹자는 중국과 인도의 현재 인구 차이인 1억 6,000만 명이면 우리나라 인구의 3배가 넘는 수치인데 '불과'라는 표현이 적절치 않다고 할 수도 있다. 하지만 이런 말을 하는 근거는 인도의 인구 증가율에 있다.

통계에 의하면 1991년부터 2001년까지 10년 동안 증가한 인도의 인구는 모두 1억 8,000만 명으로 세계 5위의 인구 대국인 브라질의 총인구와 맞먹는 수치라고 한다.

10년 동안 이 정도의 인구가 늘었으니 간단한 계산으로도 불과 2~3년이면 우리나라 총인구만큼 늘어난다는 것을 금방 알 수 있다. 2030년 이후 인도 인구가 중국의 인구를 뛰어 넘을 것이라는 예측의

인도지도

기사들도 쉽게 찾아볼 수 있다. 2035년쯤 인도인구는 15억 명에 이를 것으로 예측되고 있다.

이렇게 큰 나라 인도의 자연과 지형은 어떤 모습일까? 인도는 우리나라처럼 3면이 바다로 둘러싸인 거대한 반도국가로 크게 세 지역으로 나누어 설명할 수 있다.

첫 번째는 수천 미터에 이르는 산맥들이 동서로 길게 펼쳐져 있는 히말라야 산맥이 자리 잡고 있는 지역이다. 이곳은 5,000m 이상 7,000~8,000m의 산들이 동서로 길게 펼쳐져 있어 세계의 지붕이라고 불린다. 세계 최대·최고 높이의 빙하와 설산들로 이루어져 있어 사람들이 사는 곳은 극히 제한적이며 아직도 일부 지역은 파키스탄과의 영토분쟁으로 항상 국제적 이슈가 되고 있다.

두 번째는 인도 하면 가장 먼저 떠오르는 갠지스 강을 중심으로 한 평야지대다. 이곳은 인도 전체면적의 3분의 1 정도를 차지하는 비옥한 저지대다. 고대로부터 농업을 중심으로 인구가 밀집해 있는 지역으로 인도에서 최고의 인구밀도를 자랑하는 지역이기도 하다.

우리가 잘 아는 도시인 타지마할의 아그라와 갠지스강의 바라나시 등이 포함되어 있는 우타르 프라데쉬Uttar Pradesh주의 면적은 한반도 전체면적보다 약간 크다. 하지만 인구는 무려 1억 7,000만 명이나 되는, 인도에서 가장 많은 인구가 밀집해 있는 지역이다.

셋째는 인도에서 가장 오래된 지층으로 알려져 있는 데칸고원이다. 데칸고원 지역은 역사적으로 힌두와 이슬람의 경계선과 같은 역할을 해왔다. 연강수량이 1,000mm 이하로 힌두스탄 평야지대와는 달리 연중 건조해 관개시설이 필요한 벼와 같은 논농사보다는 조나 밀 등의 밭농사가 주로 행해지는 지역이다.

데칸고원 남부 지방은 인도의 역사에서도 많이 등장하는 지역으로 갠지스강 지역을 중심으로 이슬람 지배를 받아온 중북부 평야지대와 구별되는 곳이다.

또한 아리아인과 이슬람의 침입으로부터 격리되어 독자적인 언어와 문화를 발전시켜 온 지역이다. 민족적으로도 아리아인과 구별되는 드라비다인Dravidian계열의 민족들로 구성되어 있으며, 백인과 흡사한 북부지방 아리아인들에 비해 피부가 검고 체구가 작은 것이 특징이다.

이들은 타밀나두Tamil Nadu를 중심으로 아직도 힌디 표준어 사용에 반대하며 중북부 지역 사람들과 대립하고 있다. 또한 역시적으로 볼 때 데칸고원 서남부 지방의 해안 도시들은 서구유럽과 인도를 잇는 관문과 같은 구실을 했다.

인도는 이처럼 크게 세 가지 지역적 구분으로 나뉘는데, 여행도 마찬가지로 세 지역으로 나누어 한다. 물론 델리와 바라나시, 아그라 등의 중북부 지역 중심의 여행이 일반화되어 있긴 하다.

하지만 그외에도 뭄바이를 기준으로 남쪽 지방인

고아나 깨랄라 등의 해안 지방과 타밀나두를 중심으로 하는 남인도 여행, 그리고 마지막으로 한 여름에만 갈 수 있는 북인도 히말라야 지방의 여행으로 나뉜다.

   최근에는 장기 여행자가 급증하면서 모든 지역을 3~4개월 또는 6개월 넘게 여행하는 관광객들도 늘고 있다. 이 사실로만 미루어 보아도 인도가 얼마나 큰 나라인지 짐작할 수 있을 것이다. 하나의 나라이기보다 대륙이라고까지 불리는 나라, 이곳이 바로 인도다.

아프리카보다 더운 나라, 여름 이야기

　　　　　인도를 직접 체험해 보지 않은 사람이라면 인도의 여름이 어느 정도인지 감도 잡기 힘들 것이다. 세계지도를 펼쳐놓고 봐도 인도는 적도에 가깝지 않고 제주도보다 조금 남쪽에 위치해 있다. 우리나라 최남단인 마라도가 북위 33도이고 인도의 수도 델리가 28도 정도 되니 그 차이가 그리 크지 않다.

　물론 우리나라도 높은 습도와 더운 날씨로 여름엔 찜통더위라는 말을 많이 하지만, 인도의 여름을 경험하면, 그런 표현은 감히 쓸 수 없을 것이다. 인도의 한여름 더위는 정말이지 체험을 하지 않은 사람은 상상할 수 없을 정도로 살인적이다.

　보통 우리나라에서 한여름이라고 말하는 시기는 7~8월이지만, 인도에서 연중 최고 기온을 기록하는 한여름은 5월이다. 물론 사람에 따라, 습도의 민감도에 따라, 비가 오는 몬순시즌인 7~8월을 한여름이라고 생각하는 사람도 있겠지만, 델리를 중심으로 한 인도 중북부 대부분 지역이 5월에는 무려 45도까지, 때로는 50도까지도 올라가는 믿기지 않는 기온을 기록한다. 이렇게 기온이 올라가는 이유는 분지지형 때문이다.

북으로는 히말라야, 남으로는 데칸Deccan고원이 있고, 바다와 멀리 떨어져 있는 인도 중북부 내륙 지방은 여름엔 다른 지역보다 월등히 기온이 올라가고 겨울엔 기온이 뚝 떨어지는 특성을 가진다.

이런 분지지형은 예로부터 농업이 발달하고 도시가 발달해 인구가 증가하는 특성이 있다. 따라서 인도에서 가장 인구가 밀집해 있는 지역도 바로 이곳이다.

하지만 40도가 넘는 인도의 뜨거운 여름은 인도 중북부 평야지대에 해당되며, 뭄바이를 기준으로 데칸고원의 남쪽 지방은 연중 30도에서 40도 사이를 유지한다. 더위도 40도 이상 올라가는 일이 거의 없고 그렇다고 겨울이 됐다고 온도가 떨어지지도 않는다. 쉽게 말해 연중 여름 날씨라고 생각하면 된다. 또한 지대가 높은 뱅갈로르Bengalore 같은 도시는 여름에도 온도가 많이 올라가지 않는다.

한편 북인도 산악 지방은 인도가 폭염에 휩싸이는 한여름이 돼서야 활동하기 좋은 따뜻한 날씨가 될 정도로 여름을 제외한 대부분의 시기가 우리나라 겨울날씨 이상으로 추운 곳이다.

지역에 따라서는 10월 이후부터 한겨울 같은 매서운 추위가 찾아오는 곳도 있을 정도다. 이곳은 인도의 다른 지역과는 달리 더위 걱정보다는 추위 걱정을 많이 해야 하는 지역으로, 집안에 팬(천장에 달려 있는 대형 선풍기)이 없는 것이 타 지역과 다른 특징이다.

우리나라에도 절기가 있듯이 인도에도 힌두력을 기준으로 하는 절기가 있다. 그 절기에 따라 축제의 날짜가 정해지는데 보통 3월 중순에서 말경에 있는 홀리Holi 축제가 지나면 인도의 여름이 시작되며 그때부터 한낮의 기온이 30도를 넘기 시작한다. 4월에 들어서면서부터는 35도 이상 올라가고 최고 40도 정도를 기록한다.

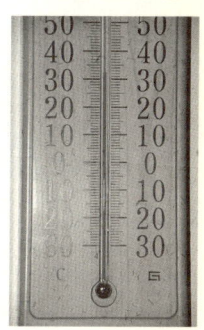

3월 홀리 때 실내온도

그래도 그때까지는 우리나라의 한여름처럼, 그냥 "여름이니까 덥지" 정도의 말로 위안할 수 있는 시기다. 인도의 진짜 여름은 4월이 지나고 5월에 들어서면서부터 시작된다. 본격적으로 40도를 넘는 더위가 계속되며 '말로만 듣던 인도여름이 이런 것이구나'라고 느낄 수 있는 시기가 바로 이때다.

한낮의 기온이 45도를 상회하는데 이 기온이 과연 얼마나 되는지, 느껴보지 못한 사람은 감을 잡기 힘들 정도다. 이런 기온이 되는 5~6월 낮에는 길거리에서 사람을 찾아보기 힘들고 차도에는 버스도 없을 만큼 한가해진다. 모두가 그늘을 찾아 뜨겁게 내리쬐는 햇빛을 피해 숨어 있는 것이다.

간혹 어쩔 수 없이 한낮에 오토릭샤(인도에서 대중들이 이용하는 오토바이 엔진의 삼륜차로 2~3명 정도 탑승할 수 있는 교통수단)를 타고 달릴 때면 대형 헤어드라이기의 뜨거운 바람을 바로 옆에서 맞고 있는 것처럼 숨이 막힌다.

그래도 이때는 몬순이라는 우기가 시작되기 전이라 습도가 없어 땀을 많이 흘리지는 않는다. 방이나 거실에 설치된 천장의 팬 밑에만 있어도 그럭저럭 참을 수 있기 때문이다.

이 시기에 외부에서 할 일이 있으면 10시 전의 오

전시간이나 해가 어느 정도 절정에서 내려온 4~5시 이후로 활동을 해야 한다. 또한 수돗물을 틀면 뜨거운 물이 나와 미리 물을 받아 놓고 생활을 해야 하기 때문에 우리나라에서처럼 샤워기에서 나오는 물로 샤워를 할 수 없다.

대부분의 집 옥상에 있는 물탱크에 하루에 두세 번 정도 급수시간에 맞춰 물을 받아 놓고 생활하는 인도에선, 뜨거운 오후 햇살이 열을 받기 쉬운 시커먼 물탱크 안의 물을 '끓인 것' 처럼 뜨겁게 데워 놓는다.

이렇게 최고 기온을 기록하는 5~6월이 가면 몬순이 시작된다. 비로 인해 기온이 조금 떨어지지만 습노가 올라가 땀을 비 오듯 흩리며 엄청나게 물을 마시는 시기가 된다. 한두 시간 소나기처럼 세차게 비가 내리다가도 언제 그랬냐는 듯 금방 햇빛이 들면서 습도를 높여 불쾌지수를 최고로 높인다. 이렇게 더운 날씨 때문인지 인도의 학교들은 대부분 5월부터 7월까지 방학을 한다.

인도에 사는 동안 가장 더웠던 해로 기억되는 2002년, 월드컵을 보기 위해 한국으로 휴가를 왔다가 월드컵이 끝나자마자 인도로 돌아왔다.

야자수가 늘어진 인도의 여름 풍경

 새로운 집을 찾고 있던 중, 마침 한국인 선배가 살던 집을 소개받았고, 가격도 저렴하고 학교와의 거리도 가까울 뿐만 아니라 동네도 깨끗하고 좋아 그 집으로 결정하게 되었다. 그 집은 주인집 옆에 붙어 있는 아야쿼터(예전에 집주인들이 하인들을 데리고 살 때, 하인들이 쓰는 주인집 옆이나 옥상에 방 하나만 있는 셋방 같은 곳)를 외국인이나 혼자 사는 학생들에게 세 주는 곳이었다.

 방 한구석에 부엌으로 불리기에는 어설픈 간이 싱크대와 작은 가스레인지를 얹어 놓을 수 있을 정도의 선반, 그리고 방 모퉁이에 작은 화장실 하나가 전부였던 옥탑방이었다. 그래서인지 한낮에 뜨거운 햇살이 옥탑방을 내리 쬐고 밤이 되면 그 열기가 서서히 방안으로 들어오면서 살인적인 더위로 밤을 지새워야만 했다.

또한 수돗물을 틀자 바로 그 물을 받아 컵라면을 먹을 수 있을 것 같은 뜨거운 물이 나오기 시작했고 방안은 사우나를 연상케 할 만큼 어디선가 열기가 뿜어져 나오고 있었다.

땀은 비 오듯 계속 쏟아졌고, 참다못해 냉장고에 있는 물을 꺼내 몸에 뿌리기 시작했다. 그때는 빈 페트병을 모아 수돗물을 받아서 냉장고에 가득 채워놓는 일이 하루일과 중 가장 중요한 일이 되었다.

상상할 수 없을 것 같은 그 방안의 온도는 과연 얼마였을까? 내가 식집 힌국에서 가져온 온도계를 꺼내어 방안에 놓았고 온도를 확인했다. 그 시간이 취침 전 저녁시간이었는데 방안의 온도가 38도, 습도가 60%였다. 말 그대로 한증막이었던 것이다.

한낮도 아닌 밤 시간의 온도가 그랬으니 지금 생각해 보면 '내가 어떻게 지냈을까' 라는 표현보다 '어떻게 살아남을 수 있었을까' 라는 표현이 맞을 정도로 육체적으로 많이 힘들었던 시기였다.

지금은 웃으며 말할 수 있는 추억 아닌 추억이 되

어버렸지만 그때는 정말이지 악몽의 나날이었다. 그 방은 예전부터 하인들을 위해 지어진 방이라 쓸 수 있는 전력에 한계가 있어(인도는 자기가 필요한 만큼 전력을 미리 신청해서 전기를 사용한다) 에어컨도 설치할 수 없는 상황이었다.

결국 나는 한 달 가까이 그곳에서 매일 밤 더위와 싸우다 온몸에 난 땀띠와 체력의 한계 때문에 다른 곳으로 이사를 했고, 바로 에어컨을 구입해 고통스러웠던 시간을 보상받기라도 하듯 그 앞에 멍하니 앉아 있곤 했다. 물론 하루에도 수없이 일어나는 정전이 문제였지만, 그때 난 에어컨과 냉장고가 인간이 만들어낸 물건 중 가장 위대하다고 생각했을 정도였다.

이런 폭염과 살인적인 더위 때문에 인도 중북부 지방의 집안 실내 바닥에는 대리석을 사용한다. 여름에 더위를 막는 냉온제 같은 역할을 해주기 때문이다.

그렇게 뜨거운 여름이 계속되고 9월, 10월이 지나면 인도에도 서서히 선선한 바람이 불기 시작한다. 물론 10월의 한낮에도 30도를 웃도는 날씨 때문에 내 방의 에어컨은 계속 돌아가야 했고 정전이 길어질 때면 어김없이 냉장고 안에 채워둔 페트병을 꺼내야만 했다.

봄과 가을이 없는 나라, 겨울이야기

인도에서 여름은 영원히 끝날 것 같지 않았지만 디왈리Diwali라는 인도 최대의 불꽃 축제를 전후로 언제 그랬냐는 듯 싸늘한 바람이 옷깃 속으로 들어오는 것을 느낄 수 있다. 디왈리는 힌두력을 기준으로 매년 11월경에 열리는데 이 축제가 끝나면 아침저녁으로 쌀쌀해지고 긴팔을 입어야 하는 시기가 찾아온다.

이때부터는 에어컨을 사용하지 않아도 되고, 시장에는 싱싱한 과일과 야채들이 가득 쌓인다. 그래서인지 길게는 10월부터 이듬해 3월까지, 짧게는 11월부터 2월까지의 4개월에서 6개월 정도를 '인도에서 모든 것이 그나마 빠르게 움직이고 외부에서 사람들이 많이 찾아오며 현지인도 가장 살기 좋은 시기'라고 말한다. 이때가 우리나라는 물론 다른 나라에서도 여행객이 가장 많이 인도를 방문하는 시기다.

이렇게 살기 좋은 날씨만 계속 된다면 좋겠지만, 인도에도 물론 겨울은 찾아온다. 12월부터는 제법 싸늘한 바람과 기온을 느낄 수 있으며 최고 혹한기인 1월 초에는 기온이 1~2도까지 떨어진다. 이렇게 얘기하면 겨우 1~2도로 뭐가 춥다고 하느냐고 반박하는 사람도 있겠지만, 이 시기에 거리에서 수십, 수백 명의 사람들이 얼어서 동사한다는 걸 알면 반응은 달라질 것이다.

2006년 1월이었다. 그 해 겨울이 꽤 추웠었는데 1월 초 최저기온이 0.7~0.8도까지 떨어지면서 인도 기상청 관측 이래 두 번째인가, 세 번째로 추운 날씨라고 신문 1면에 대서특필된 적이 있었다.

이때 거리에서 동사한 사람들이 굉장히 많았는데 인도에는 수많은 거지와 노숙자들이 거리에서 잠을 청하고, 싸이클릭샤(삼륜 자전거로 사람을 태우고 단거리를 이동하는 교통수단) 기사들 또한 예외가 아니었기 때문에 이런 불상사가 일어났던 것이다.

우리나라 노숙자들이야 지하도로 들어가서 바람이라도 피할 수 있다. 그러나 그들은 지하철을 타는 지하나 일반 지하도 출입을 통제당하며, 혹 차지할 수 있다 해도 노숙자들이 워낙 많기 때문에 대부분 길거리에서 잠을 잘 수밖에 없는 실정이다. 나는 이때 사람이 가장 동사하기 좋은 기온이 영하가 아닌 0도에서 5도 사이의 날씨라는 걸 알게 되었다.

한국의 겨울은 영하 10도 이하까지 떨어지는 날도 있지만 실내에 난방시설이 잘 되어 있어 집, 사무실, 학교 등의 실내는 춥기는커녕 더위까지 느껴질 정도로 난방과 온돌문화가 잘 발달되어 있다.

하지만 인도는 그런 난방과는 거리가 먼 나라다. 워낙에 여름이 길고 그러한 여름을 이겨내려는 노력 때문인지 짧은 겨울에 대해서는 크게 신경을 쓰지 못한, 취약한 집안 구조를 가지고 있다.

요즘이야 물론 과학기술의 발달로 온풍기 및 전기, 석유 히터 등으로 그나마 많이 나아졌지만 아직도 그런 혜택을 모르던가, 알아도 그냥 숨이 막힐 것 같은 두꺼운 솜이불을 겹겹이 덮어 쓰고 사는 이들이 태반이다.

대리석 바닥은 여름엔 시원한 기온을 유지할 수 있게 해 그 위에서 잠을 청하면 환상의 돌침대가 되지만 겨울이 되면 얼음판으로 바뀌어 맨발로 다니면 발이 시려 깡충깡충 뛰어 다닐 수밖에 없게 만든다. 그 대리석 바닥에서 올라오는 한기가 집안 전체에 냉랭한 기운을 내뿜는다.

　이럴 때 요긴하게 쓰이는 것이 한국에서 가지고 온 전기장판이다. 여름에 에어컨만큼 필요한 물건 중 하나인데 에어컨이나 다른 가전제품은 인도에서도 쉽게 구입 할 수 있지만 전기장판은 팔지 않아 꼭 한국에서 가지고 와야 했다. 전기장판을 인도에서 팔면 불티나게 팔릴 것 같은데 왜 시중에 유통이 안 되는지 알 수 없었지만 어찌 되었든 나는 매해 겨울이면 전기장판의 힘을 빌려야 했다.

　또한 여름과는 달리 수도를 틀면 뜨거운 물이 아닌 얼음장처럼 차가운 물이 나오기 때문에 샤워를 하기가 쉽지 않다. 인도에는 보일러 시설이 없기 때문에 순간온수기를 사용하는데 그나마도 없는 집이 대부분이다.

　나도 한때는 온수기가 없는 집에 산적이 있는데

겨울에 외투를 입고 추위를 이겨내는 인도인들

그 때 쓰이는 것이 일명 '문둥이 손'이라고 하는 가열기였다. 두꺼운 쇠붙이가 꽈배기처럼 말려 있는 그 가열기에 전원을 연결하고 물속에 담가 놓으면 서서히 물이 가열이 된다. 전기 감전이 될 수 있기 때문에 콘센트를 완전히 빼기 전까진 물 근처에 가면 안 된다.

이렇게 인도의 겨울은 이방인인 나에게는 여름만큼이나 녹록치 않았던 계절이었다. 1월, 짧은 기간 동안의 깜짝 추위가 지나가고 2월이 오면서 기온은 조금씩 올라가며, 3월이 되어 홀리 축제가 시작되면서부터는 인도의 여름이 다시 시작된다. 이렇게 인도의 계절은 마치 봄과 가을이 없이 여름과 겨울만 반복되는 것처럼 느껴진다.

비에 의해 좌우되는 경제성장률, 몬순 이야기

몬순monsoon이라는 단어를 사전에서 찾아보면 계절풍이라는 뜻으로 설명되어 있고, 특히 인도양에서 부는 계절풍이라는 부가적인 설명도 찾을 수 있다.

그 외에 인도의 우기라는 뜻으로도 설명되어 있는데, 사전에 있는 이런 의미처럼 인도에서 몬순이란 쉽게 '우기'를 뜻하는 의미로 사용되고 있다. 그렇다면 이런 몬순은 언제 생기며 어떻게 발생하고 어떤 영향을 미치는 것일까?

몬순의 원인은 6월부터 인도 남서쪽에서 불어오는 계절풍에 있다. 그 따뜻한 계절풍이 불어오면서 히말라야 산맥과 부딪혀 따뜻한 남서계절풍의 공기가 찬 공기 쪽으로 이동하면서 많은 구름이 생기고 인도에 다량의 비를 뿌리는 것이다.

인도에서 몬순은 상당히 큰 영향력을 가지며 인도인의 삶과 뗄 수 없는 필수 조건처럼 생각되어진다. 먼 옛날부터 어느 나라나 비는 삶의 필수 항목으로 생각되어 왔듯이, 인도에서도 몬순은 그들 삶의 희로애락을 좌우하는 중요한 요소다.

몬순은 6월부터 8~9월까지 집중되어 내린다. 그 양은 지역에 따라 다른데, 차로 유명한 동북부의 아쌈Assam 지방은 연 평균 1만mm 이상의 비가 내려 인도에서 최고의 강수량을 기록하며 매년 홍수와 물난리로 곤욕을 치른다. 반면 인도 서북부 파키스탄 접경 지역인 라자스탄 사막 지역은 1년 강우량이 100mm에도 못 미치는 지역으로 항상 물이 부족하다.

그렇다면 몬순은 왜 인도인과 그들의 삶에서 뗄 수 없는 중요한 조건인 것일까?

최고 인구밀집 지역인 중북부 지역을 비롯해 전체 인구의 70% 가까이가 농업에 종사하고 있는 인도는 전체 GDP에서 농업이 차지하는 비중이 30% 가까이 될 정도로 농업의 비중이 큰 나라다. 그렇기 때문에 몬순 시즌 때 비가 많이 와 풍년이 들면 농민들의 소득이 자연스럽게 올라가고 소비 또한 증가되어 내수 경기가 활발하게 돌아간다.

비가 내리고 난 후의 거리 모습

반대로 몬순의 양이 적고 가뭄이 들어 농사에 영향을 미치면 그들의 수입이 줄어듦과 동시에 소비도 줄어들게 된다. 이뿐만 아니라 가뭄으로 인해 농산물 생산이 줄어들어 농산물 값이 오르게 되면 서민경제의 직격탄이라 할 수 있는 소비자 물가도 덩달아 오른다. 이렇게 간단한 경제 원리만 이해해도 인도에서 몬순의 힘이 얼마나 큰 영향을 미치는지 금방 알 수 있을 것이다.

몬순이 중요한 또 다른 이유 중 하나는 인도가 물 부족 국가라는 것이다. 2003년으로 기억하는데, 그 해 몬순 시즌은 최악의 가뭄이었다. 비가 와야 할 시기에 비가 오지 않아 나는 그저 비가 안 오니 습도 안 올라가서 좋고, 빨래 잘 말라 좋다며 별 신경을 쓰지 않았다.

하지만 몬순 시즌이 끝난 후, 그 해 겨울 무렵부터 델리를 비롯한 여러 도시에서 물 급수가 제대로 되지 않았다. 심지어는 사람들이 직접 땅을 파서 지하수를 찾기도 했다. 몬순의 양도 문제였지만 지난 겨울 히말라야 지방에 눈이 많이 오지 않은 것도 물 부족의 원인이 되었기 때문이었다.

나는 비교적 물이 잘 공급되는 지역에 살았지만

그 해는 물 공급이 하루건너 하루씩 되지 않아 고생을 했다.

이런 중요성 때문인지 몬순이 시작되는 6월쯤에 처음 비가 내리면 동네에 어른 아이 할 것 없이 모두 나와 그 빗물 속을 뛰어다니며, 옷 젖는 건 아랑곳하지 않고 신나게 춤을 추기도 한다. 기우제 후 신이 내려주신 비를 맞는 백성들처럼 기뻐서 난리법석을 떠는 것이다.

'도시에서도 비가 오기 시작하면 이렇게 좋아하는데 농촌에서 농사를 업으로 하는 사람들은 얼마나 좋아할까' 라는 생각을 하면 몬순이 인도와 인도인들에게는 정말이지 삶의 한 부분과도 같다는 느낌이다.

하지만 비가 많이 오는 것이 꼭 좋은 일만은 아니다. 길거리에서 잠을 자야 하는 노숙자와 많은 빈곤층들에게는 하늘의 비가 그들의 잠자리까지 빼앗아 가기 때문이다. 그때가 되면 나무 밑으로 들어가거나, 천막 같은 것이라도 구할 수 있는 사람은 그걸 뒤집어쓰고 생활하기도 한다.

집이 있다고 반드시 비를 피할 수 있는 것도 아니

가난한 슬럼가의 가정

다. 방안에서 빨래도 하고, 씻기도 하고, 잠까지 자는 빈곤층이 집단으로 모여 사는 슬럼가에는 그 비가 집안으로 들어와 아주 힘든 시기가 된다.

또한 내부분의 인도 집들은 우리나라의 도배문화가 아닌 석고로 벽을 마무리 하고 그 위에 페인트칠을 하기 때문에 비가 스며들면 석고가 빗물을 빨아들여 순식간에 벽면 전체로 퍼지면서 악취를 풍기기도 한다.

또 다른 문제는 배수시설이다. 일반 주택가는 도로에 배수시설이 잘 되어 있지 않아 비만 오면 도로나 마을 전체가 물바다가 되어 버린다. 비가 많이 올 때는 특히 마을을 돌아다니다 웅덩이나 지대가 낮은 곳에 빠지는 일이 비일비재하다.

비와 관련된 잊지 못할 기억이 있다. 인도의 학교는 4, 5월경에 기말시험을 끝으로 방학에 들어간다. 나도 그때 시험 기간이었고 열심히 공부를 하던 중이었다. 몬순이 시작되려면 적어도 한 달 이상은 더 있어야 했기에 비를 걱정할 필요는 없는 시기였다.

당시 방 하나와 화장실 하나가 있는 옥탑방에 살고 있었는데 방이 작고 부엌이 없는 것이 좀 불편하긴 했으나 냉장고도 있고 에어컨도 있었기 때문에 여름을 버틸 수 있을 것이라고 자신하고 있었다.

시험 전날 저녁 9시경이었다. 열심히 시험공부를 하고 있는데 갑자기 천둥 번개가 치더니 비가 오기 시작했다. 왜 이 시기에 비가 오는 것인지 이상한 생각이 들었지만 다음날 시험을 위해 그저 공부에만 집중해야 했다.

하지만 시간이 지날수록 빗소리는 더욱 거세게 들려왔고 비바람이 어찌나 강하게 불던지 방 밖에 내놓았던 안 쓰던 침대가 굴러다닐 정도였다.

그래도 공부를 계속하고 있었는데 갑자기 축축한 느낌이 들어 보았더니 밖에서 빗물이 들어오고 있었다. 그리고 10분도 되지 않아 정전이 되고, 평소에 길면 2~3시간이던 정전과는 달리 그날은 비 때문인지 다음날 아침까지도 전기가 들어오지 않았다. 비상용 라이트를 켜고 공부를 하다가 그나마도 배터리가 방전돼 촛불을 켜놓고 공부를 해야만 했다.

정전이 길어지면서 나의 보물 1호 냉장고에선 냉동실 성에가 녹아 바닥으로 물이 뚝뚝 떨어지고 있었다. 문이 하나밖에 없는 소형 냉장고였는데, 그런 냉장고는 아주 작은 냉동실이 냉장실 안에 있어 정전이 되면 냉동실 밖에 붙어 있던 성에가 녹아 바닥으로 떨어지게 되다.

밤새 들어오는 빗물과 냉장고에서 떨어지는 물을 걸레로 닦으며, 촛불을 켜놓고 시험 전날 혼자 우왕좌왕 했던 그 때가 지금은 추

▲옥탑방 ▼1단 냉장고와 간이부엌

억이 되어 웃음마저 나오지만 그 순간만큼은 정말이지 어이가 없었다. 내가 21세기를 살고 있는가 싶을 정도로 할 말을 잃었던 순간이었다.

몬순이 시작되지 않은 시기에 비가 온 것은 그날뿐만이 아니었다. 그 해는 유독 게릴라성 폭우가 많았던 해였다. 그래서인지 시험기간 동안 항시 비에 대한 대비책도 세우고 나름대로 환경을 극복하는 지혜도 배울 수 있었다.

덕분에 그 해에는 물이 나오지 않아 고생하는 일은 없었다. 그래서 땅을 파는 인도인들의 사진이나 기사는 볼 수 없었다. 그 이후로 인도에서 만큼은 비가 안 오는 것보다는 비가 많이 와야 덜 고생한다는 걸 알게 되었다.

동물과 공생하는 나라, 동물이야기

소, 돼지, 말, 원숭이, 낙타 심지어는 코끼리까지 인도의 길거리에서는 무수히 많은 동물들을 볼 수 있다. 사람을 위협하는 야생동물들을 제외하면 동물원에 따로 갈 필요가 없을 정도로 거의 모든 동물들을 길거리에서 사람 보듯이 마주치게 된다.

인도친구들이 우스갯소리로 해준 말에 의하면 실제 동물원에 가도 병든 동물들밖에 없다고 하는데, 확인을 하고 안 하고를 떠나 동물원에 가더라도 길거리에서 볼 수 없는 특별한 동물들을 얼마나 볼 수 있을지 의문이다.

1학년 영어시험이었다. 장관에게 길거리의 집 없는 개들이 사람을 물어 동네가 불안에 떨고 있는데 이에 대한 항의와 탄원서를 쓰라는 문제가 나왔다. 영어시험에서나 나오는 이런 일들이 실제로 인도에선 비일비재하게 일어나고 있으며 특히 배고픈 개들이 밤이면 야수로 돌변해 사람을 공격하기도 한다. 그래서 특히 인적이 끊긴 늦은 밤에는 더욱 조심해야 한다. 정부에서도 개들을 도시 밖으로 몰아내고는 있지만 그 수가 워낙 많다보니 효과가 크지는 않다.

인도에 온지 얼마 안 되어 집을 구하는데, 그 집은 다른 도시에서 델리로 유학 온 인도남학생 2명이 살고 있던 집이었다. 그들이 방학을 겸해 다른 곳으로 이사를 하면서 내가 그 집에 들어갈 수 있었던 것이다. 2층에 있는 집으로 방도 크고 부엌과 화장실 모두 집안에 있어, 공부하면서 살기에는 아주 좋을 것 같아 계약을 했다.

집을 청소하고 본격적으로 살기 시작한지 1주일 정도가 지났을 무렵 나는 무언가가 나와 한 방에 있다는 것을 느낄 수 있었다. 처음엔 벌레가 있나 해서 약도 뿌려 보았다. 책상에 앉아 공부를 하다보면 무언기가 휙 시나가는 느낌을 감지할 수 있었고 그렇게 찜찜한 기분인 채 살아야 했다.

얼마 후 방안에서 그 미확인 물체와 정면으로 마주치게 되었는데, 벽을 타고 방안을 휘젓고 다녔던 그놈은 다름아닌 쥐였다. 크기는 그리 크지 않았지만 순간 너무 당황한 나머지 어떻게 할 겨를도 없이

거리를 활보하는 코끼리

눈 앞에서 놈을 놓쳐 버렸다. 그 후부터는 그 쥐를 어떻게 잡을까, 2층인데 어디서 들어온 것일까, 나에게 무슨 병균을 옮기진 않을까 등 여러 가지 생각들로 아무것도 할 수가 없었다.

주인에게 이야기를 했더니 쥐덫을 사서 짜파티(인도인의 주식인 밀 전병)를 매달아 놓으면 금방 잡을 수 있을 거라고 웃으면서 말해 주었다. 주인 말대로 나는 시장으로 달려가 쥐덫과 짜파티를 사서 부엌에 설치하였다.

그날 밤 부엌에서 '탁' 하는 경쾌한 소리와 함께 쥐덫이 닫히는 소리를 들을 수 있었고, 잽싸게 부엌

으로 뛰어가 보니 쥐는 덫 안에 짜파티와 함께 갇힌 신세가 되어 있었다. 묵은 체증이 확 내려가는 듯한 기분과 희열을 느꼈고 결국 그날이 그 놈과 내가 그 집에서 함께 했던 마지막 날이 되었다.

얼마 후 나는 길거리에서 우연찮게 내가 이사 오기 전 그 집에 살았던 인도학생을 만날 수 있었다. 그 친구가 나를 먼저 알아보고 인사를 건네 왔다. 집은 어떤가, 살 만한가 등의 얘기를 주고받으면서 나는 큰 기사거리나 되듯이 쥐에 대한 얘기를 뿌듯한 기분으로 말해 주었다. 그러자 그 학생은 웃으며 그 쥐는 자기 친구였고 자기가 그 집에 살면서 쭉 같이 지내왔다는 말로 되받아치는 것이었다.

어떻게 그럴 수가? 그 친구는 침대도 없이 매트리스 하나만 가지고 살았을 정도로 살림이 거의 없었다. 덕분에 그 쥐를 잡기가 더욱 쉬웠을 텐데도 잡기는커녕 같이 먹고 자고 했단 말인가? 정말 어이가 없었다.

인도의 동물들. 왼쪽부터 코끼리, 소, 염소, 원숭이, 개

나의 기준으로는 도저히 이해가 되지 않았다. 나는 그 쥐를 더러운 병균이나 옮기고 다니는 하찮고 더러운 동물로 생각한 데 반해, 그에게 쥐는 그저 작은 인간과 공생하는 생명체였던 것이다. 같은 것을 보았는데도 나와 인도사람들이 이렇게 다르다는 걸 그 때 알게 되었다.

한참의 시간이 지나 다른 집으로 이사한 후 그곳에서도 어김없이 쥐가 출현했다. 이번에 만난 쥐는 금방 눈에 띌 만큼 덩치가 큰 녀석이었는데 내 주먹보디도 컸던 걸로 기억한다.

이번에도 나는 얼른 쥐덫과 짜파티를 준비하여 부엌에 설치했다. 그리고 지난번처럼 경쾌한 소리와 함께 쥐덫이 닫히는 소리가 나자마자 잽싸게 부엌으로 뛰어갔다. 덫이 꽉 찰 정도로 꽤 큰 놈이었다.

얼른 그 쥐와 쥐덫을 밖으로 치워야지 마음먹고 옮기려는 순간 힘 센 녀석이 쥐덫의 문을 머리로 헤딩을 하더니 밖으로 탈출을 해버렸다. 순간 너무 놀라 움찔하였고 그 쥐를 잡을 기회를 다음으로 미뤄야 했다. 다음날 시장에서 제일 큰 쥐덫을 사서 다시 설치했고 결국 그 '슈퍼파워 쥐'를 잡을 수 있었다.

그 후로 이사를 하거나 집을 비우게 될 때는 쥐나 바퀴벌레가 올라올 수 있는 문틈이나 외부로부터의 구멍들은 모두 봉쇄하였고, 옥탑방을 구하면 구했지 절대로 1층에 있는 집은 구하지 않았다. 1층은 그만큼 외부로부터 동물들이 들어올 수 있는 기회가 많기 때문이다.

우리나라에서는 동물원 외에서는 절대 볼 수 없는 원숭이 또한 길거리에서 쉽게 볼 수 있다. 특히 높은 나무가 많은 동네에는 원숭이가 많다. 원숭이는 특히 주의해야 할 동물 중 하나인데, 사람들을 공격할 때도 있고 먹을 것을 들고 있으면 그걸 채가기도 한다. 원숭이들은 여자가 남자보다 육체적으로 약하다는 걸 알고 여자한테 특히 잘 덤벼든다. 또한 집 베란다에 있는 빨래들을 걷어가거나 밖으로 던져버리기도 한다.

인도에서 판매되는 냉장고에는 크기와 브랜드 그리고 가격을 떠나 모두 잠금장치가 되어 있다.

인도사람들이 워낙 음식을 귀하게 생각해서 그렇

다고 하는데, 예전부터 하인들이 음식에 손을 델 수 없게 하기 위해서라는 사람도 있고 한편으로는 원숭이가 들어와 냉장고 문을 열고 음식을 가져가기 때문이라고 하는 사람들도 있다. 인도친구가 해준 말에 의하면 실제로 원숭이가 베란다를 통해 집으로 들어와 냉장고 문을 열고 음식을 가지고 도망간 적도 있다고 한다.

인도의 동물들은 우리가 생각하는 기본 사이즈보다 훨씬 크다. 나는 인도에서 처음으로 우리가 생각하는 '마우스Mouse'라고 불리는 생쥐가 아닌 '렛Rat'이라고 불리는 거대한 쥐를 보았다. 거짓말 하나 안 보태고 웬만한 고양이 크기만한 이 쥐는 워낙 사나워서 사람들도 함부로 건들지 못한다. 고양이를 무서워하지 않는 이 쥐를 보았을 때는 온몸에 소름이 끼칠 정도였다.

바퀴벌레 역시 엄청나게 컸다. 한국에서 가지고 온 바퀴벌레 퇴치용 패치 같은 건 우리나라 바퀴벌레나 들어갈 수 있는 크기지 인도 바퀴벌레는 머리도 들어가지 않는다. 인도 바퀴벌레는 대략 어른 중지와 검지를 합한 사이즈로 날아다니기도 한다.

인도는 이렇게 많은 동물들이 사람들과 뒤섞여 공생하고 있는 나라다. 아주 오래전부터 아무리 더럽고 하찮은 동물이라도 이들이 부여하는 의미가 달라서인지, 아니면 그 동물들까지 신경쓸 여유가 없어서인지 그냥 그렇게 서로 공존하고 살아가는 것이다.

작은 생쥐 때문에 호들갑을 떨었던 내가 그 인도 친구의 입장에선 신기하기만한 이방인이었던 것이다.

"같이 산다고 문제되는 건 아무것도 없어. 노 프라블럼No problem."

그의 말이 맞을지도 모른다.

끝없는 자연 재해

인도 남부 깨랄라주의 코친Cochin을 여행할 때였다. 해변도시인 그곳은 모래사장 바로 앞에 엄청나게 큰 중국식 어망을 설치해서 고기를 잡는 것으로 유명한 관광지였다. 바로 잡은 싱싱한 생선이나 새우를 직접 사서 통나무집이나 간이 천막을 쳐놓은 식당에 가져가 돈을 주면 바로 요리해서 먹을 수 있었다.

나는 인도 내륙 지방에만 있다 보니 생선이나 새우를 먹기가 쉽지 않았고 그때가 기회다 싶어 새우를 사서 요리를 해달라고 식당에 부탁했다. 요리를 기다리는 동안 사진을 찍으며 어부들이 고기 잡는 모습을 보고 있었다. 좀 더 가까이에서 사진을 찍고 싶어 그들에게 다가갔더니 그들은 나를 반겨주며 통나무 다리를 건너오라고 손짓을 하는 것이었다.

새우요리가 완성되기 전까지는 시간도 있고 그들의 호위를 마다할 이유가 없었던 나는 통나무 다리를 지나 그들에게 다가가 큰 어망을 들어 올리는 모습을 보며 카메라 셔터 누르기에 열중하고 있었다.

한 5분이나 지났을까, 몇몇 어부들이 갑자기 뛰기 시작했고, 어떤 어부들은 물속으로 다이빙을 하면서 나보고 나가라고 손을 흔들었다. 나는 도대체 들어오라고 할 땐 언제고 5분도 안 되서 나가라고 난리 법석이냐고 투덜거리며 돌아나가려 했다.

그러나 이게 어찌된 일인가? 분명히 내가 밟고 들어왔던 통나무 다리가 보이지 않았다. 내가 물 위를 걸어왔던 것도 아니고, 도저히 이해가 되지 않았다. 어부들은 그냥 물속으로 다이빙을 하며 나를 밀어내려 했다. 아, 이것이 무엇이란 말인가? 밀물과 썰물의 차이가 이런 것인가? 이렇게 순식간에 물이 불어날 수 있단 말인가?

밖에서는 사람들이 웅성웅성 모여 어부들을 주시하며 걱정스런 눈빛으로 쳐다보고 있었다. 결국 나도 어쩔 수 없이 물속으로 뛰어들었다. 뒷발을 들고 발을 세워야 간신히 얼굴만 나올

코친의 중국식 어망

정도 깊이의 물속을 꾸역꾸역 헤치고 나와야 했다. 주위사람들이 괜찮은지 묻는 말에도 대답할 기운조차 없었다. 입술은 통나무에 부딪혀 터져 있었고 몸은 물에 빠진 생쥐 꼴이 되어 있었다.

그마나 다행인 것은 물살에 휩쓸려 놓친 카메라가 물에 빠지지 않고 다른 통나무에 걸린 덕분에 그때의 사진들을 간직할 수 있었다는 것이다. 그래도 새우는 먹어야 했기에 터진 입술로 피를 닦으며 새우를 먹고 숙소로 돌아갔다.

숙소로 돌아온 후 나를 덮친 그것이 밀물과 썰물이 아닌 쓰나미tsunami였다는 걸 알게 되었다. 2004년 12월, 수십만 명의 목숨을 앗아갔던 바로 그 쓰나미였던 것이다. 다행히도 내가 있던 곳은 발생지에서 꽤 멀리 떨어져 있었고 인도 동부가 아닌 서부 지역이라 다른 지역에 비해 그나마 피해가 적었다.

하지만 그곳에서도 수백 명의 어부나 주민들이 목숨을 잃었다고 한다. 당시 나는 3주 정도의 일정으로 남인도 여행을 시작한지 일주일도 채 되지 않았을 때였다. 그후로 2주가 넘게 남은 여정 동안 폐허가 되어버린 집들과 사람들의 시신들, 길거리에 널려 있는 이재민들의 텐트 등을 보아야만 했다.

한 번은 토요일이라 늦잠을 자고 있었는데 틀지도 않은 천장의 팬이 돌아가는 듯한 기분이 들었다. 아침잠이 많은 나에겐 한밤중이었던 시간이었는데, 비몽사몽 눈을 떠 보니 팬이 돌아가는 것이 아니고 좌우로 흔들리고 있었다. 아직 여름이 완전히 가시지 않은 10월이라 바닥에서 잠을 자고 있었던 나는 등이 울리면서 몸이 흔들리는 걸 느낄 수 있었다. 그러다 다시 잠이 들어 버렸다.

한두 시간 더 자고 일어나 참 이상한 꿈을 꾸었다고 생각하면서 인터넷으로 신문 기사를 읽기 시작했다. 그리고 그제서야 그 경험이 꿈이 아닌 실제 상황이었다는 걸 알 수 있었다. 2005년 10월, 10만 명 이상의 사상자를 기록한 파키스탄 북동부 인도 카슈미르 인근 지역 대지진의 여진이 내가 있던 델리까지 미쳤던 것이다.

또한 몬순 시즌엔 여기저기서 물난리가 난다. 인도 최대의 도시이며 경제도시인 뭄바이에선 2005년 여름 홍수로 인해 며칠 동안 주민들이 집안에 고립되고 교통이 마비되는 일도 있었다. 인도 최대 도시인 뭄바이가 이 정도면 다른 도시나 시골 마을들은 오죽할까라는 생각이 들었다.

쓰나미로 피해를 입은 남부 지역 이재민 텐트

인도에는 나라가 크다는 이유만으로는 설명하기 힘들 정도로 수많은 자연재해가 끊임없이 반복되고 있다. 특히 지진이나 홍수가 많이 일어난다. 지진이 발생하는 이유는 유라시아판과 인도, 오스트레일리아판이 충돌하기 때문이라고 한다. 파키스탄 히말라야 지역 지진도 그 이유 때문이었다.

몬순시즌 때 집중적으로 쏟아지는 폭우와 도시의 열악한 배수시설 등으로 인한 홍수 또한 많이 발생하는 재해 중 하나다.

땅도 넓고 인구도 많은 인도는 매년 이런 자연재해로 많은 희생자를 낳고 있는데, 거침없이 성장해 나가고 있는 인도경제에 크건 작건 마이너스 요인으로 작용하고 있다는 생각을 해본다.

이곳만은 꼭 가보자 I

⊙ 인도의 관문 델리

델리의 자마 마스지드

인도역사에서 빼놓을 수 없는 인도의 중심 델리는 인도의 관문으로 생각되는 곳이자 인도행정과 정치의 중심이 되는 곳이다. 델리는 인도의 심장답게 볼거리가 많다.

우선 유네스코가 지정한 인도의 세계문화유산 27곳 중 3곳이 델리에 있다. 첫 번째로 70m가 넘는 이슬람 승전탑인 꾸뜹미나르Qutab Minar가 있다. 12세기 말 이슬람이 힌두세력을 제압하고 델리술탄시대를 열게 된 기념으로 만든 이 승전탑은 델리의 상징과도 같은 문화유산이며 인도에서 이슬람의 역사와 함께 하는 건축물로 델리에서 꼭 관광하는 곳 중 하나다.

두 번째 세계문화유산은 타지마할을 만든 샤자한의 증조할아버지인 무굴제국 제2대왕 후마윤의 무덤Humayun's Tumb이다. 이 무덤은 사후 그의 아내에 의해 지어졌으며, 이 건축기법과 양식 등이 타지마할 건축에 결정적인 영향을 주었다. 타지마할과 비슷한 느낌을 주어서인지 외국인들의 방문이 그리 많지는 않은 곳이지만 델리의 젊은이들과 가족들 또는 소풍야유회를 즐기러 나온 방문객이 많이 찾는 곳이다.

세 번째로 인도의 세계문화유산 중 가장 최근(2007년)에 등록된 붉은 성Red Fort이 있다. 이 역시 타지마할을 지은 샤자한이 건축한 것으로, 1638년 그가 무굴제국의 수도를 타지마할이 있는 아그라에서 델리로 옮기면서 건설한 것이다.

현재 올드 델리Old Delhi 시역에 위치하고 있는데 그곳은 옛 무굴제국 역사의 중심이 되었던 곳이기도 하다. 붉은 성에서 도보로 5분 정도의 거리에 위치한 인도에서 가장 큰 이슬람 모스크인 자마 마스지드Jama Masjid는 인도 이슬람의 메카로 알려져 있다.

이밖에도 인도권력의 상징인 대통령궁Rashtrapati Bhavan과 제1차 세계대전 때 참전한 인도군인의 위령탑인 인디아 게이트, 그리고 흰 대리석 연꽃 모양의 바하이 사원 등이 델리의 좋은 볼거리들이다.

또한 인도교육의 메카라고 불리는 델리대학교University of Delhi도 관광객들로부터 많은 관심을 불러일으키는 곳이다. 델리대학교는 80여 개가 넘는 단과대학으로 델리 전역에 퍼져 있으며 학생 수만도 20만 명이 넘는다. 올드 델리에 위치한 메인캠퍼스 주변을 주로 방문하며 그곳은 수십 년 전통의 책방들이 있는 인도의 대학로, 깜라 나가르Kamla Nagar를 통해 인도 젊은 대학생들의 문화를 엿볼 수 있는 곳이기도 하다.

델리대학교에서 오토릭샤로 불과 10분 정도 거리에 위치한 마주니카 틸라Manjunika Thila는 티베트에서 망명한 사람들이 모여 사는 곳이다. 인도식당보다 깔끔하면서 한국인 입맛에 맞는 티베트 음식들을 먹을 수 있어, 다른 인도 게스트하우스보다 깔끔한 숙소를 찾는 여행객이나 장기체류자들이 델리에서 머무를 때 이곳의 게스트하우스를 이용하기도 한다.

델리는 이렇게 많은 볼거리들로 가득하지만 내가 인도를 여행하는 사람들에게 정말 소개해주고 싶은 건 바로 인도인들의 모습과 그들의 삶이다.

델리에서 부유층이 많이 사는 곳인 바산트 비하르Vasant Vihar의 쁘리야 시네마Priya Cinema 주변이나 신도시인 구르가온Gurgaon의 번화한 거리에 가면 인도의 부유층 사람들이나 자녀들이 한국과 비슷한 클럽에서 술과 춤을 즐기고, 패밀리 레스토랑과 커피전문점에서 여유를 만끽하는 모습을 볼 수 있다.

인도문

잔파스 마켓

바하이 사원

 이와는 반대로 그런 화려한 모습 뒤에 길거리에서 쓰레기를 줍고 거지생활을 하며 빈민촌 슬럼가에서 세상이 어떻게 돌아가는지조차 모르며 살아가는 사람들도 많이 볼 수 있을 것이다. 이런 상반된 모습을 보면서 인도의 다양성을 체험해 볼 수도 있다.

 이처럼 그들의 삶을 보고 느끼는 것도 인도를 이해하는 데 많은 도움이 된다. 외국 여행 중 현지 사람을 보고 만나는 것이 때로는 멋진 문화재 앞에서의 근사한 사진보다 값진 추억이 되지 않을까 생각해본다.

II

찬란한
반만년의 역사

인도(India)에 사는 사람들을 인디언(Indian)이라 하는데 우리는 미국의 옛 원주민들도 인디언이라고 부른다. 인도사람들이 미국으로 이주해 살았기 때문일까?

오스만 투르크(Osman Turk)가 비잔틴 제국을 멸망시키고 지중해를 장악하면서 유럽에서 인도로 가는 항로가 막힌 후, 이탈리아의 탐험가 콜럼부스(Christopher Columbus)가 대서양을 통한 다른 인도 항로를 발견하기 위해 항해를 시작하게 되었고 결국 아메리카 대륙을 발견하였다.

하지만 콜럼부스는 자신이 발견한 아메리카 대륙이 인도인 줄 잘못 알고 그곳에 사는 원주민들을 인디언이라고 부르기 시작했다. 콜럼부스의 착각은 아직도 수정되지 않은 채 우리를 다시 한 번 혼돈과 착각에 빠뜨리고 있다.

이렇게 한 사람의 착각에 의해 생긴 오류도 우리는 '역사' 라고 부른다.

인더스 문명과 고대국가 사회

인도에서는 어디서든 인더스강이라는 이름보다 갠지스강이란 이름을 더 쉽게 들을 수 있다. 나 역시 세계 4대 문명 중 하나라고 배운 인더스 문명의 발생지, 즉 인더스강을 갠지스강과 잘 구별하지 못했다.

인더스강은 인도 북부 히말라야 산맥에서 발원하여 카슈미르를 거쳐 현재의 파키스탄을 남과 북으로 관통하는, 길이만도 3,000km에 육박하는 강으로, 세계에서 가장 오래된 문명 중 하나인 인더스 문명이 발생된 곳이다.

인더스 문명은 20세기 들어 영국인들에 의해 인더스강 주변에서 발견된 하라파Harappa와 모헨조다로Mohenjodaro라는 두 도시를 중심으로 기원전 2,500년경부터 발달된 도시문명을 말한다. 하라파는 인더스강 상류 지방에, 모헨조다로는 하류 지방의 도시로 현재는 파키스탄에 위치한 도시들이다.

하라파와 모헨조다로 유적은 모두 벽돌로 만들어진 바둑판 모양의 계획도시로 배수시설이 완벽하게 갖추어져 있으며, 대형 목욕탕도 발견되었을 정도로 고도의 문명을 갖춘 도시였다.

인더스 문명을 꽃피운 민족은 현재 남부인도에 주를 이루고 있는 드라비다인Dravidian이다. 이 고대 도시 사람들은 아라비아 해를 통해 세계 4대 문명 중 하나인 메소포타미아Mesopotamia와 상업적인 교류를 했던 것으로 알려져 있다. 또한 이들이 사용했던 인장에서 상형문자가 발견되기도 했다. 이 문자들은 드라비다어로 추론되고 있지만 아직까지도 정확한 해독은 이루어지지 못하고 있다.

높은 수준의 고대 문명을 이어온 인더스 문명은 기원전 1,500년경에 소멸하였다고 알려져 있으나, 그 원인이 무엇이었는가에 대한 정확한 근거는 밝혀지지 않았다. 천재지변이나 외적의 침입에 의한 몰락 등 몇 가지 이유가 인더스 문명을 소멸시킨 원인들로 추측되고 있을 뿐이다.

이 중에서 가장 신빙성 있다고 알려진 것이 외적의 침입설이다. 기원전 1,500년경 중앙아시아에서 유목생활을 하고 있던 아리아인Aryan의 침입으로 인더스 문명이 소멸했다는 것이다.

아리아인들이 인도에 들어오면서 도시국가가 생겨났으며, 지금까지도 인도의 사회문제로 여겨지고 있는 카스트제도 역시 이 무렵에 생겨난 것으로 알려져 있다. 그들이 가지고 온 종교와 원주민의 종교가 융합되어 힌두교Hinduism라는 인도의 종교가 탄생한 것이다.

아리아인들은 인더스강이 아닌 갠지스강 유역의 넓은 평야지대에서 정착생활을 하기 시작했고 그 주변으로 도시국가를 형성하면서 인도 고대국가를 발전시켜 왔다.

이후 기원전 4세기경 모리야Mauriya왕조가 탄생하면서 인도는 최초로 통일국가로서의 형태를 갖추게 된다. 인도역사상 가장 위대한 군주로 여겨지는 3대왕 아소카Asoka대왕은 현재 인도 남부일부 지역을 제외한 인도 대부분 지역과 파키스탄, 아프가니스탄 일부까지 통일하며 인도역사상 가장 큰 제국을 건설했다. 아소카대왕 이후 모리야왕조가 쇠퇴하면서 후에 쿠샨Kushan왕조와 굽타Gupta왕조를 거치며 이슬람의 침입을 받게 된다.

이슬람의 침입과 델리술탄시대

7세기 유대교와 그리스도교의 영향을 받아 마호메트Mahomet에 의해 창시된 이슬람Islam교는 세계사에 커다란 지각변동을 일으켰다. 이들은 세계정복과 무역을 통해 전 세계로 영향력을 넓혀 갔으며, 인도 역시 그들의 정복사업에서 예외일 수 없었다.

이슬람교가 창시된 후 이들이 인도로 들어오기까지는 불과 1세기 정도의 시간밖에 걸리지 않았다. 이슬람은 8세기 초 현재 파키스탄 남서부 지방인 발루치스탄Balochistan까지 진출하였으며, 10세기에는 지금 인도의 북서부 지방이며, 파키스탄과 국경을 마주하고 있는 펀잡Punjab 지방까지 영향력을 행사했다.

하지만 이때까지도 이슬람의 본격적인 인도지배는 시작되지 않았다. 그들은 11세기까지 인도로 잦은 침입을 했지만 그때까지만 해도 힌두교 성전을 파괴하고 그들의 이슬람교를 전파하려는 것이 주된 목적이었다.

이슬람이 성립되기 전인 6세기 중엽 이후 굽타 Gupta왕조의 멸망과 함께 인도 내에서는 이렇다 할 국가가 성립되지 못했고, 그로 인해 혼란해진 내부 정세는 외세에 대한 저항력을 약화시켰다. 결국 이슬람의 침입에 대한 아무런 준비도 할 수 없었던 것이다.

이런 정치적 혼돈 속에서 이슬람의 인도지배라는 결과는 이미 예견되었을지도 모른다. 인도의 군사는 종교적 교리로 무장한 이슬람의 막강한 군대 앞에서 속수무책으로 당할 수밖에 없는 오합지졸이었다.

이슬람의 시작을 알긴 꾸뜨미 나르 유적지 전경

꾸뜹미나르 전경

결국 12세기 말 아프가니스탄 고르Ghur 지방을 중심으로 한 터키계 고르왕조의 모하메드 고리Mohammed Ghori에 의해 인도는 이슬람의 손에 들어가게 된다. 고리가 죽은 1206년, 그의 후계자이자 노예이기도 했던 꾸뜹 웃딘 아이박Qutb-ud-din Aybak이 인도의 초대 이슬람 지배자로 올라서게 되면서 인도의 이슬람 왕조가 시작된다.

노예의 신분으로 시작하여 인도 이슬람 초대 지배자의 위치까지 오른 아이박을 비롯해 그 후에도 노예출신 군주와 계승자들로 왕조가 이어졌기 때문에 이 왕조를 노예왕조Slave dynasty라고 부른다.

이슬람의 통치가 시작된 노예왕조부터 16세기 무굴Mughal제국이 건국되기까지 약 300년 동안을 델리술탄Sultan시대라고 하는데 술탄은 아랍어로 '통치자'를 의미한다.

아이박이 죽은 후 그의 노예이자 사위이기도 한 일투트미쉬Iltutmish가 왕위를 계승한다. 그는 현재 유네스코 지정 세계문화유산으로 등록되어 있으며 델리의 상징이라고도 불리는 꾸뚭미나르Qutub Minar를 건축한 왕으로 유명하다.

노예왕조 후에도 킬지Khilji왕조, 투글라크Tughluq왕조, 사이드Sayyid왕조, 로디Lodi왕조에 이르기까지 델리술탄시대는 이어졌다.

그중 마지막 왕조인 로디왕조는 노예왕조부터 시작된 터키계왕조가 아닌 아프간 계통의 첫 번째 왕조이기도 했다. 델리 시내에 로디왕조의 무덤을 공원으로 조성해 만든 로디가든Lodi Garden은 델리 시민들에게 산책 공간과 휴식처를 제공하며 가족공원으로 사랑받고 있다.

300년 넘게 이어져 온 델리술탄시대는 결국 마지막 왕조인 로디왕조가 무굴제국의 창시자인 바부르Babur와의 전투에 패하면서 그 막을 내리고 무굴제국이라는 새로운 시대의 개막을 알리게 된다.

찬란한 역사 무굴제국

한국역사에 찬란한 꽃을 피운 조선왕조가 있다면 인도역사에도 가장 화려한 전성기라고 불리는 무굴Mughal제국이 있었다.

무굴제국은 티무르(Timur, 14세기 중반부터 16세기 초반까지 중앙아시아를 중심으로 발전한 왕조로 몽골제국 칭기즈칸의 후예민족)왕조의 바부르Babur에 의해 건국되었는데 그는 델리술탄시대의 마지막 왕조인 로디왕조와의 전투에서 승리하고 1526년 위대한 무굴제국의 초대황제에 오르게 된다.

무굴제국은 바부르를 시작으로 18세기 초 무굴제국의 6대왕인 아우랑제브Aurangzeb왕까지 200년 가까이 남인도 일부를 제외한 인도 대부분 지역과 현재의 파키스탄, 아프가니스탄 일부 지역까지 영토를 확장해 나가며 아시아의 대국으로 전성기를 맞게 된다.

그러나 18세기 들어 아우랑제브가 사망하고 서구

열강들의 인도진출과 그들의 영향력이 확대되면서 중앙집권적 정치가 붕괴된다. 결국 힌두와 무슬림 간의 전쟁과 정치적인 혼란기를 겪으며 무굴제국은 쇠퇴해갔고, 1857년 인도의 반영 민족항거인 세포이항쟁Sepoy Mutiny을 끝으로 역사 속에서 사라지며 영국령 인도가 탄생하게 된다.

초대 왕 바부르가 무굴제국을 수립한 지 4년이 지나 병으로 죽자, 그의 아들 후마윤Humayun이 무굴의 두 번째 왕위에 오른다. 제국이 시작된 지 얼마 되지 않은 시기의 무굴제국은 정치·경제적 불안요소와 여기저기서 튀어나오는 반란의 무리들로 인해 혼란스러운 시기를 겪고 있었다.

현명하고 명석한 머리를 가지고 있던 후마윤이었지만 이런 정치적 혼란기에 어린나이로 왕의 자리에 오르게 된 것은 불행이었다.

결국 아프간계 이슬람의 부활을 꿈꾸던 수르Sur왕조의 셰르샤Sher Shah와의 전쟁에 패하고 수도인 아그라를 내준 후 1540년부터 아프가니스탄과 페르시아 지역에서 망명생활을 시작한다.

이렇게 건국 후 불과 14년 만에 무굴제국은 역사

의 뒤안길로 사라져가는 듯했다. 무굴제국을 무너뜨린 수르왕조의 쉐르샤는 5년여의 짧은 통치기간 동안 국가의 기강을 세우고 많은 정치·경제적 제도를 확립하며 국가를 발전시킨다.

그는 우선 중앙집권적 정치제도로 군사력을 중앙에 집중시켰으며, 당시 그에 의해 정비된 토지세 제도는 인도농업 사회에 한 획을 긋는 제도로 높게 평가 받고 있다.

인도역사에 그가 정립한 정치·경제적 제도와 노력은 후세에도 많은 영향을 주며 무굴제국의 제도정비에 크게 기여했다. 하지만 그가 죽고 왕위 계승권 다툼으로 인한 아들들의 싸움은 수르왕조를 약화시키는 원인으로 작용하였고, 결국 그런 혼란한 정세를 틈타 페르시아의 도움을 받은 후마윤이 다시 수르왕조를 몰아내며 무굴제국의 부활을 알린다.

망명 생활 도중 후마윤은 아들을 얻었는데 그가 바로 무굴제국의 3대 왕이자 무굴의 위대한 왕 악바르Akbar대제다.

후마윤이 무굴제국을 다시 부활시키고 얼마 후 갑작스런 사고로 죽자 그의 아들 악바르가 불과 14살의 어린 나이에 왕위에 오르게 된다. 그는 장군 바

무굴제국의 상징, 붉은 성

이람 칸Bairam Khan의 도움을 받아 아프간 잔존세력들과의 전투에서 차례로 승리하며 무굴제국을 여러 차례 위기에서 구한다.

악바르가 어렵게 얻은 아들 자항기르Jahangir는 그의 뒤를 이어 왕위에 올랐고 이 시대는 자항기르의 아내 누르자한Nur Jahan의 시대로 불릴 만큼 그녀의 정치적 영향력이 컸던 시기였다. 자항기르와 누르자한의 시대를 거쳐 건축 왕으로 유명한 샤자한이 왕위를 잇게 된다.

샤자한은 세계적 유산인 타지마할Taj Mahal을 비롯해 델리의 붉은 성Lal Quila과 자마 마스지드Jama Masjid 등 건축사에 길이 남을 만한 업적을 쌓았다. 현재는 세계의 자랑거리로 인도의 국부를 돕는 문화유산으로 남아 있지만, 당시에는 그의 광적인 대규모 건축공사들로 인해 국고가 바닥나 국력이 쇠퇴하게 된다.

이슬람 세계에는 장자세습이란 원칙이 없어, 항상 왕위를 계승할 때마다 형제들 간의 왕위 쟁탈전은 물론 아버지에게 도전하는 반란이 반복되었다. 샤자한의 뒤를 이은 아우랑제브Aurangzeb 또한 예외는 아니었다. 그는 형제들과의 싸움에서 승리하고 최종 승리자가 되어 아버지 샤자한까지 아그라성에 유폐하고 왕위를 이어간다.

그는 타종교를 인정하지 않고 이슬람만을 내세우는 절대적 이슬람 신봉자였는데 이때부터 동맹관계로 지내오던 라지푸트Rajput왕국과 시바지Shivaji의 마라타Marata 같은 힌두왕국들이 적대국으로 변하며 끊임없는 전쟁을 치르게 된다.

이런 정치적 환경 속에 국력은 나날이 쇠약해져 갔고 18세기 초 아우랑제브가 사망한 후 무굴제국은 급속도로 쇠퇴해 가며 역사 속에서 사라졌다. 이 시기에 영국을 비롯한 서구 열강들은 자신들의 영향력을 넓혀가며 인도를 손에 넣기 위한 쟁탈전을 벌이고 있었다.

위대한 왕 악바르대제

세계 어느 나라든지 그 나라를 대표하는 위대한 왕이 있게 마련이다. 우리나라는 광개토대왕이나 세종대왕처럼 '대왕'이라는 수식어를 사용해 그들의 업적을 기리고 있다.

인도에도 이런 왕들이 있는데 우선 기원전 첫 통일왕조인 모리야Mauriya왕조의 아소카Asoka대제와 무굴제국의 악바르Akbar대왕이다.

특히 악바르대왕은 무굴제국에서 가장 위대한 업적을 남긴 왕으로 역사에 기록되어 있다. 그는 무굴제국의 3대 왕으로 50년 가까이 무굴제국을 통치하며 인도역사상 가장 번성하고 평화로운 시기를 만든 왕으로 알려져 있다. 악바르는 무굴제국을 건국한 초대 왕인 바부르왕의 손자이자 후마윤왕의 아들이다.

악바르가 무굴제국을 절정기로 유지시키며 역사의 위대한 왕으로 남을 수 있었던 가장 큰 이유 중

악바르대제

하나는 종교적 관용정책으로 절대적 피지배계급인 힌두세력을 포용하려는 정책이었다. 지배계급인 소수의 이슬람세력들에 비해 힌두세력의 수는 월등히 많았다.

또한 다수의 힌두 국민들은 이슬람 선대왕들의 종교적 억압정책으로 인해 늘 불만에 가득 차 있었다. 악바르는 이를 통찰하여 힌두 국민들에 대한 종교적 억압을 중지하고 그들을 포용하는 정책을 펼친다. 국민의 불만을 없애고 살기 좋은 제국으로 거듭나야 국가적 기강을 세우고 외세에도 견딜 수 있다고 생각했기 때문이다.

이를 행동으로 보여주기 위해 우선 선대부터 내려온 인두세Zizya와 성지순례세Pilgrimage taxes를 폐지하였다. 이 두 세금은 비非이슬람세력에게만 징수되었던 국가의 주요 세원이었다. 이를 폐지함으로써 국가제정 문제와 일부 이슬람세력의 반발에 부딪치기도 했지만 이를 끝까지 강행하면서 대다수의 힌두 국민들에게 관용을 베풀어 그들을 포용하려 했다.

악바르는 또한 사회적 개혁을 감행했는데 우선 힌두교의 악습인 사띠(Sati, 남편이 죽어 화장할 때 산 아내도 같이 화장하는 힌두의 대표적 악습)를 비판하고 폐지하려 노력했으며, 과부寡婦가 재혼을 할 수 있도록 장려했다.

악바르의 힌두세력에 대한 이런 포용과 관용정책은 라지푸트(Rajput, 인도 서북부 지역을 중심으로 강력하게 성장하고 있던 힌두왕국)와의 관계에서도 두드러지게 나타났다. 라지푸트 왕국은 이슬람에게는 가장 위협적인 적대국이자 걸림돌로, 이런 적국을 동맹 관계로 맺는 일이 그에게는 급선무였다.

악바르는 라지푸트의 뛰어난 정치·군사적 협력 없이는 무굴제국의 앞날도 밝지 않다고 생각한 첫 번째 이슬람 군주로, 항상 힌두세력인 라지푸트를 자신의 오른팔로 만들기 위해 부단히 노력하였다.

악바르는 우선 이슬람 선대부터 이어져온 라지푸트에 대한 차별과 억압정책을 과감히 버리고 그들의 독립을 부분적으로 인정했다. 또한 이슬람과 동등한 정치적 참여권을 주며 협력을 유지하였다. 하지만 완전 독립을 내세우며 그의 통치에 도전하는 세력은 과감히 제거하기도 했다.

그는 또한 종교적 벽을 허물고 이슬람과 힌두의 결혼을 장려하였으며, 힌두인을 왕비로 맞기도 했는데 2007년 개봉돼 화제를 모은 영화 〈조다 악바르Jodhaa Akbar〉는 '조다'라는 힌두왕비와 악바르 간의 사랑을 그린 영화로 화제를 모으기도 했다.

라지푸트와의 동맹으로 막강한 군사력을 키운 무굴제국은 수백 년 동안 이어져온 아프간계 이슬람 세력들을 완전히 제거했고, 경제적으로도 부를 쌓으며 아시아의 막강한 국가로 성장할 수 있었다.

이렇게 당근과 채찍을 적절히 사용하며 힌두와 이슬람의 융화를 가져온 그의 정책은 그의 아들 자항기르와 손자 샤자한에게까지 이어지며 무굴제국이 발진해 나갈 수 있는 단단한 초석으로 작용하였다. 하지만 6대왕 아우랑제브에 의해 이러한 힌두 관용정책이 깨지게 되고, 결국 무굴제국이 쇠퇴의 길로 들어서는 결정적인 원인이 된다.

유럽열강들의 인도진출과 최후의 승자 영국

유럽의 열강들 중 가장 먼저 인도에 도착한 나라는 포르투갈이었다. 포르투갈의 항해사 바스코 다 가마Vasco da Gama는 리스본을 떠난 지 1년이 조금 못 되어 아프리카 남단 희망봉을 지나 1498년 인도 캘리컷Calicut에 닻을 내린다.

그로부터 1년 후 향신료를 가득 싣고 본국에 귀환한 그는 엄청난 부와 명예를 얻었고, 그 후 인도는 부를 가져다주는 나라로 소개되며 많은 유럽 열강들에게 자극을 주었다.

포르투갈은 바스코 다 가마의 항해 이후 본격적인 인도와의 무역을 추진하였고, 결국 인도 남서부 해안 지방인 고아Goa, 코친Cochin, 디우Diu 등지에 자신들의 기지를 세우며 인도와의 무역을 선점하기 시작했다.

그중 고아Goa는 인도무역의 중심기지로서 포르투갈의 지배 하에 놓이게 되었고, 이로써 포르투갈은 유럽 열강 중 첫 번째로 인도 일부 지역을 지배하게 된 국가가 되었다. 고아는 현재 많은 내외국 관광객들이 찾고 있는 남서부 해변 휴양도시다. 전 주민의 40%가 카톨릭교인이며 시내에는 포르투갈 지배 때 지어진 성당들과 건물들로 여전히 유럽의 분위기가 물씬 풍기는 도시이기도 하다.

고아를 중심으로 한 포르투갈의 인도무역은 거침이 없었고, 당시 포르투갈의 해상력과 군대는 인도뿐 아니라 아프리카, 페르시아 및 중국의 마카오까지 장악하며 최고의 전성기를 맞고 있었다.

무역을 통해 인도에서 영향력을 넓혀가던 포르투갈은 서서히 카톨릭 선교에도 힘을 쏟기 시작했다. 그들은 강압적으로 카톨릭 포교활동을 하면서, 힌두사원을 파괴하기도 하였다.

이렇게 포르투갈은 인도 전역의 항구도시들을 차례차례 선점하고 사신늘의 거점을 확보하며 바스코 다 가마 이후 한 세기 동안 인도와의 무역을 장악하게 된다.

포르투갈이 독점하다시피 진행된 인도무역은 17세기 들어 네덜란드와 영국, 프랑스까지 진출하면서 점점 그 구도가 바뀌어 간다. 네덜란드와 영국은 인도에 동인도 회사를 설립하고 본격적인 경제 활동에 들어간다.

이 시기는 포르투갈의 해상력이 점점 약화되는 시기로, 종교적으로 포르투갈의 적대국이었던 네덜란드는 17세기 중반까지 포르투갈을 인도에서 여러 차례 공격하며 그들의 세력을 확대해 나갔다.

포르투갈이 힘을 잃으면서 한 동안은 네덜란드가 인도의 패권을 잡으며 승승장구했다. 네덜란드와 비슷한 시기에 인도로 진출했던 영국은 처음에는 네덜란드에 비해 규모면에서 열세였으나 조금씩 그들의 영역을 넓혀 나가며 영향력을 행사하게 된다.

18세기 들어서면서 네덜란드도 포르투갈과 마찬가지로 인도에서의 세력이 약해지자, 가장 늦게 진출했던 프랑스와 영국 사이에 잦은 충돌이 일어나게 되었다. 전 세계 패권 경쟁으로 팽팽한 대립 관계에 있던 프랑스와 영국은 인도에서 그들의 패권경쟁에 중요한 분기점을 맞게 되는데, 이 사건이 바로 플라시 전투Battle of Plassey다.

현재 인도의 뱅갈Bengal 지역뿐만 아니라 비하르Bihar와 오리사Orissa까지 포함한 그 당시 뱅갈은 인도에서 가장 부유한 왕국이었다. 영국의 인도지배는 바로 이곳에서부터 시작되었다.

상업적인 목적만을 가지고 접근했던 영국은 처음에는 뱅갈 왕국과의 마찰이 없었다. 그러나 1756년 뱅갈의 태수太守와 캘커타의 영국기지 증축문제로 마찰이 시작되며 결국 태수가 영국인들을 캘커타 밖으로 쫓아낸다.

쫓겨난 영국인들은 다른 지역 영국군의 도움을 받아 태수 밑에 있던 뱅갈 지역 관리들을 돈으로 매수해 수적인 열세에도 불구하고 쉽게 캘커타를 수복할 수 있었다.

플라시 전투는 비록 관리들을 매수한 영국의 승리로 쉽게 결론이 난 시시한 전투였지만 이로 인해 태수 편에 섰던 프랑스를 몰아내고 인도에서 영국의 입지를 확고히 굳힐 수 있는 계기를 마련하게 된다.

플라시 전투의 승리는 동인도 회사가 뱅갈 지역을 비롯한 갠지스강 유역의 중북부 지역까지 영향력을 미치며 인도에 대영제국을 건설할 수 있는 교두보를 마련하게 되었다는 점에서 큰 의의를 갖고 있다.

이 사건으로 동인도 회사는 인도무역을 독점하며 인도식민지화에 가속도를 내기 시작한다. 또한 이때부터 이들의 노골적인 약탈과 착취가 시작됨으로써 인도국민들은 점점 험난한 삶을 살아가게 된다.

　플라시 전투는 인도에서 영국이 실질적인 지배력을 갖게 된 중요한 사건으로 기록되어 있으며, 이때부터 인도는 200년 가까이 영국의 지배 하에 놓이게 된다.

민족 반영(反英), 세포이 항쟁

뜨거운 열기가 가득 차 있는 델리의 5월 어느 날 새벽, 수많은 세포이(Sepoy, 동인도 회사가 운영하던 영국군대의 인도인 용병)들이 델리의 붉은 성으로 진격하고 있었다.

이들은 전날 유럽관료들을 살해한 후 미루트Meerut에서부터 흥분된 일반시민들까지 합세하여 델리로 돌격하고 있었다. 그들은 붉은 성으로 들어가 명목상 무굴제국의 왕인 바하두르샤 2세Ba hadur Shah II에게 자신들의 지도자가 되어줄 것을 요구했다.

아무 힘도 없이 그저 이름만 왕으로 영국정부의 꼭두각시 행세를 하고 있던 그는 결국 그들의 지도자로 선언되었으며 그후 세포이들은 영국의 정치관료들을 살해하고 그들의 사무실과 집무실들을 모두 파괴하며 델리에서 자신들의 영향력을 행사하게 된다.

1857년의 대폭동The revolt of 1857 또는 세포이 항

쟁Sepoy Mutiny이라 불리며 인도역사뿐 아니라 세계사에서도 빼놓을 수 없는 사건으로 분류되는 인도민족항쟁은 이렇게 시작되었다.

세포이들의 미루트 폭동과 델리 장악은 삽시간에 인도인들을 동요하는 자극제로 변해 남부와 동부 일부를 제외한 전국으로 확대되었다.

세포이 항쟁은 여러 가지 복합적 요인이 계기가 되었다. 정치적으로는 동인도 회사로부터 시작한 영국의 영향력이 시간이 지날수록 인도전역으로 퍼져나가며 대부분의 힌두 왕족들을 좌지우지하게 되었다는 것이다.

아우랑제브 이후 강력한 왕권을 가진 군주 없이 이어져 오던 무굴제국의 왕들은 영국인들에 의해 조정되었으며 그들의 심부름꾼이나 다름없는 명목상의 왕으로 전락되었다.

영국인들은 고위 관료직 인도인들을 해고하며 모든 정치·사회적 기능을 독차지하기 시작했다. 또한 인도인들을 미개인으로 간주해 심한 혐오감을 표하며 모욕감마저 주었다.

힌두의 전통적 관습인 사티와 조혼早婚을 폐지하

고 사회적 풍습이나 법마저 바꾸며, 힌두사회와 문화에 개입해 인도인들을 자극했다.

경제적으로는 인도의 재산과 부를 영국으로 반출하고 인도인의 땅을 교묘하게 빼앗았다. 인도인 세포이들은 영국인들에 비해 아주 낮은 급여를 받았을 뿐만 아니라 모욕도 감수하며 전장에서는 제일 앞에 서서 적군의 총에 먼저 희생되는 방패가 되어야 했다.

종교적으로는 많은 선교사들을 보내 인도인들을 개종시키려 하였으며 자신의 종교를 버리고 기독교로 개종하는 사람들에겐 경제적 혜택과 정부의 주요 관직을 약속하기도 했는데 이 또한 힌두사회에 큰 반감으로 작용했다.

이런 복합적인 원인들은 인도의 세포이뿐만 아니라 모든 국민들의 분노를 사기에 충분했고 그들의 불만은 더 이상 쌓아 놓을 수 없는 상황까지 악화되었다. 결국 세포이에게 지급된 탄약통 기름이 이러한 분노를 폭발시키는 결정적 원인이 되었다.

그 기름은 힌두와 이슬람계로 구성된 세포이들 사이에서 돼지기름과 소기름이라는 서로 다른 주장을 하게 했다. 힌두에게는 소가 그 무엇보다 신성시되는 동물이고, 이슬람에게 돼지는 그 무엇보다 더러워 터부시되는 동물이기 때문이다. 이들은 결국 분노하여 반영 민족항쟁운동을 이끈 주도세력으로 바뀌어 세포이 항쟁에 앞장서게 된다.

하지만 이런 대규모 민족항쟁운동은 현대식으로 무장한 영국인들에 의해 실패로 돌아가며 영국의 직접적인 인도통치가 시작되는 계기가 되고 말았다.

실패의 원인은 운동을 이끌어갈 카리스마 있는 지도자의 부재와 인도남부 지방과 동부 지역을 제외한 중북부 지역에만 운동이 한정되었다는 데서 찾을 수 있다.

전국적 봉기였음에도 불구하고 국민 전체의 융합이 결여되어 있었고, 지방 군주들의 영국정부에 대한 협조 또한 실패의 원인이었다. 마지막으로 현대식 무기와 화력을 갖춘 영국군에게 인도인들의 군사력도 한계를 보일 수밖에 없었다.

인도와 영국인 모두에게 엄청난 희생을 불러온 세포이 항쟁을 끝으로 명목상 이어져온 무굴제국은 역사 속으로 사라지게 된다. 또한 동인도 회사로부터 야기된 인도인과의 정치·사회적 문제와 무자비

한 경제적 수탈이 폭로되면서, 영국정부는 동인도 회사를 폐지하고 직접 인도를 통치하게 된다.

동인도 회사가 폐지된 후에도, 영국의 인도통치와 영향력은 크게 변하지 않았지만, 세포이 항쟁은 더 이상 동인도 회사가 아닌 영국정부가 인도를 직접 통치하는 계기가 된 중요한 사건이다.

우연인지는 몰라도 세포이 항쟁(1857년)은, 영국의 인도지배의 시발점이었던 1757년 플라시 전투 이후, 영국 통치 100주년을 맞은 인도인들의 분노와 복수심이 폭발한 사건이라고 표현되기도 한다.

인도의 우상, 인도의 아버지 마하트마 간디

10월 2일은 인도달력에 국경일로 표시된 날이다. 이 날은 인도의 아버지이며 그들의 영원한 우상이기도 한 모한다스 카람찬드 간디Mohandas Karamchand Gandhi의 탄생일이다.

한 위인의 생일을 국경일로 정해 놓을 만큼 인도에서 그의 영향력은 말로 표현할 수 없을 정도로 크다. 지폐만 보아도 7종(5Rs~1,000Rs) 전 지폐의 초상화가 간디일 정도로 그는 인도인의 가슴 속 깊이 자리 잡고 있다.

인도를 떠올리면 항상 빠지지 않고 등장하는 인물 간디, '마하트마(위대한 혼)'라는 수식어가 이름 앞에 항상 따라다니는 근대 인도의 선구자이자 상징이며 인도국민의 아버지 간디. 그는 과연 누구인가?

인도 서북부 구자라트Gujarat주에서 중간 카스트의 힌두가정에서 행정가 아버지와 평범한 어머니 사이에서 태어난 간디는 특별하지 않은 유년시절을 보낸다. 18살이 되던 해 영국으로 유학을 떠나게 되었고, 3년여의 공부 끝에 변호사 자격증을 딴다. 인도로 귀국 후 1893년 남아프리카공화국에서 사업을 하고 있는 인도상인의 법적문제를 해결하기 위해 1년 계약을 맺고 그곳으로 아내와 함께 떠나면서 인생의 중요한 전환점을 맞게 된다.

인도의 아버지 간디

그곳에는 수만 명의 인도인 노동자들이 설탕공장에서 일하고 있었는데 유색인종이라는 이유로 갖은 천대와 핍박을 받고 있었다. 그 또한 1등석 표를 가지고 기차에 올랐음에도 불구하고 백인들에게 유색인종이라는 이유만으로 쫓겨나는 경험을 하면서 그곳의 현실을 직시하게 된다.

그곳에서 직접 보고 경험한 인종차별은 그에게는

큰 충격이었다. 그곳의 인도인 노동자들은 교육도 받지 못하고 영어는 더욱 하지 못하는 사람들로, 백인들에겐 노예제가 폐지되기 전 흑인노예들과 별반 차이가 없는 미개인들이었다. 그들을 대변해 줄 수 있는 사람 또한 변호사 간디 외에는 아무도 없었던 것이다.

결국 간디는 그들의 간곡한 부탁으로 귀국을 저버리고 그들의 대변인이자 교육자로서, 그리고 인종차별에 대한 투쟁을 위해 20년 동안이나 그곳에서 인도인들과 함께 한다.

1915년 남아프리카공화국에서 돌아온 간디는 이후 본격적으로 정치에 참여한다. 제1차 세계대전(1914~1918년)에 협력하는 대가로 인도의 자치를 약속했었던 영국은 전쟁이 끝난 후에도 약속을 무효화하며 오히려 이듬해인 1919년 법원의 판결 없이 인도인들을 체포·구금하는 로울라트Rowlatt법을 통과시켜 국민들의 분노를 샀다.

이에 격분한 간디는 국민들과 함께 전국적으로 대규모 군중행진을 벌이고 많은 인도인들의 적극적인 참여로 운동은 전국적으로 확산된다.

하지만 이 운동은 영국과의 충돌로 번져 영국군

의 무차별 사격이 자행되며 암리차르에서 1,000명이 넘는 사상자가 발생하게 되는 초유의 사건으로 이어진다. 이듬해인 1920년 간디는 사티아그라하(Satyagraha, 진리의 파악이라는 의미의 간디투쟁사상으로 비폭력·비협조 또는 불복종운동)운동을 시작하게 되는데 영국의회, 영국학교, 영국상품 불매 등 영국과 관련된 모든 일체의 활동과 사회적 행동에 참여하지 않는 운동이었다.

이슬람과 힌두의 종교적 구별 없이 모든 국민들이 운동에 참여했고 학생들은 학교를 떠나 영국상품들을 불태웠다. 그로인해 전국의 2만 명 이상의 지도자들이 체포되어 감옥에 갇혔고, 결국 유혈사태로까지 번지자 간디는 운동을 중단한다.

1929년 영국총독 어윈Irwin은 정확한 시기를 언급하지 않으면서도 영국정부의 목표는 인도에 자주적 독립권을 부여하는 것이라고 역설했다. 인도 국민회의파는 라호르Lahore에서 자와할랄 네루Jawahar Lal Nehru를 인도 초대대통령으로 하는 독립선언을 하고, 이듬해 1월 26일을 독립기념일로 선포하였다.

그 해 간디는 영국의 소금독점 판매와 소금세에 반대하여 시민 불복종운동을 전개하는데 이 운동은

60세가 넘은 간디와 그의 추종자들이 350km가 넘는 행진을 벌인 단디행진Dhandi March으로 역사에 기록되어 있다. 이 운동은 인도뿐 아니라 전 세계 특히 같은 시기, 같은 식민지 입장이었던 우리나라에서도 큰 화제가 되며 언론의 집중을 받았다.

기념관에 전시된 간디의 형상

이 운동은 소극적 자세에서 벗어나 적극적으로 대항해 소금법을 위반하며 영국정부에 도전했다는 점에서 그 전의 운동과는 차이가 있었다. 이 사건은 독립운동의 절정이라고 표현될 정도로 인도독립사의 획기적인 사건이었다. 결국 이 때문에 간디뿐만 아니라 수만 명이 옥고를 치르게 된다.

제2차 세계대전이 일어나자, 영국은 인도의 동의 없이 인도를 전쟁에 투입하는데 그후 간디를 중심으로 한 저항운동은 더욱더 격렬해지고 반대로 영국의 탄압은 거세져 갔다.

결국 간디는 다시 노령의 나이로 옥고를 치르게 된다. 마침내 제2차 세계대전이 끝난 후 영국정부는 인도에 권력 이양을 공식적으로 발표했다. 하지만 이에 반대하는 이슬람단체들은 파키스탄이라는 독립국을 요구하게 되었고 네루의 국민회의파와 충돌하며 폭동을 일으킨다.

결국 간디의 피나는 노력에도 불구하고 1947년 8월 15일, 인도는 영국으로부터 독립하는 기쁨과 동시에 파키스탄과 분단되는 비극을 맞는다. 파키스탄은 서파키스탄과 동파키스탄으로 인도를 사이에 두고 나뉘어져 독립하였고, 또 다시 1971년 동파키스탄이 방글라데시로 독립하며 결국 인도는 세 국가로 분리된다.

간디는 독립 이듬해인 1948년 1월, 힌두과격청년의 총에 맞아 79세의 나이를 일기로 생을 마감한다.

간디가 인도 근대사에 남긴 업적과 독립을 향한 투쟁은 인도인뿐만 아니라 전 세계인들로부터 존경의 대상이 되고 있다.

이곳만은 꼭 가보자 Ⅱ

⊙ 사랑으로 지어진 세계에서 가장 아름다운 건축물 타지마할

타지마할

"인도 하면 가장 먼저 떠오르는 것이 무엇일까?"라는 물음에 항상 거론되는 곳으로 학창시절 사회나 세계사 교과서에서 한 번쯤은 보았을 만한 곳, 어느새 인도의 상징이 되어버린 타지마할은 인도에 오면 꼭 봐야할 목록 중 가장 상단에 이름이 올라 있다.

2008년 유네스코에서 발표한 '신新 세계7대 불가사의'로 선정되었을 만큼 인도의 자랑이자 자부심이다.

타지마할은 무굴제국의 제5대왕 샤자한이 아이를 낳다가 사망한 그의 왕비 뭄타즈 마할Mumtaz Mahal을 위해 1631년부터 1653년까지 22년에 걸쳐 만든 그녀의 무덤이다.

수십만 명의 인원과 당시로는 천문학적인 금액이 공사에 들어갔으며, 이 무덤을 설계한 건축가는 타지마할이 완성된 후 샤자한에 의해 눈을 잃고 손가락이 잘렸다는 이야기도 전해진다. 타지마할의 아름다움을 다른 곳에서 다시는 재현하지 못하게 하기 위해서라고 하는데, 그만큼 샤자한은 그의 아내 뭄타즈와 타지마할에 광적이었다.

사랑이란 의미로 만들어진 세계에서 가장 위대한 건축물인 타지마할은 델리에서 남쪽으로 약 200km 떨어진 인구 100만이 넘는 인도의 대표적 공업 도시 아그라의 야무나 강변에 위치해 있다.

공업도시이다 보니 공장 굴뚝의 연기와 매연으로 타지마할의 하얀 대리석 색깔이 오염된다고 하여 타지마할 반경 4km 안에는 자동차나 오토릭샤 등 그 어떠한 공해를 일으키는 자동차와 기계 등의 출입이 금지되어 있다. 또한 정기적으로 머드팩이나 각종 영양 마사지를 받으며 350년 전 천연의 색깔을 유지하기 위해 노력하고 있다.

타지마할의 가장 중요한 특징은 좌우대칭의 균형미에 있다. 건축학적으로 지금까지 서 있는 것조차 불가사의한 타지마할은 좌우대칭이 절묘하게 맞아 떨어지는 균형미로 극찬을 받고 있다.

또한 일일이 대리석을 파고 그 안에 색깔 있는 돌이나 보석을 새겨 놓은 피에트라 두라Pietra Dura 기법을 사용하여 그 아름다움을 더욱 빛내고 있다.

수많은 사람을 희생하면서까지 자신의 죽은 아내를 위해 타지마할을 완성한 샤자한의 사랑에 대해 지나치다 못해 가끔은 광적이라는 표현을 하기도 된다. 물론 그의 위대한 작품으로 인해 후손들은 엄청난 외화를 벌어들이고 있지만 당시 이 건물 때문에 목숨을 잃은 수많은 영혼들의 넋을 달래줄 수 있을지는 의문이다.

이것도 모자라 샤자한이 타지마할 옆에 검은색 타지마할을 건설하려고 하자 아들인 아우랑제브가 국력이 쇠퇴하는 것을 더 이상 볼 수 없어 아그라성에 그를 유폐시켰다는 뒷얘기도 전해지고 있다.

결국 샤자한은 그의 마지막 8년의 삶을 아그라성의 빼앗긴 탑Musamman Burj에 갇혀, 저 멀리 보이는 타지마할을 보며 아내 뭄타즈를 그리워하면서 죽어갔다고 한다. 그런 슬픈 사연 때문인지 아그라성에서 멀리 어렴풋이 보이는 타지마할이 더욱 애틋하고 아름다워 보인다고 하는 이들도 있다.

사랑의 결정판이라고 불리는 타지마할은 이곳만을 보기위해서라도 세계 각국에서 수많은 사람들이 인도를 찾을 정도로 명실상부한 인도의 상징이다.

III

종교의 나라,
이보다 더 다양할 수 없다

밤이 어두워지자 꽃불을 띄우기 위해 강 주변으로 나갔다. 꽃불을 띄워 소원을 빌면 그대로 이루어진다는 말을 믿는다기보다는 기억에 남을 만한 일을 하고 싶어서였다. 갠지스강 가트 주변에서 꽃불을 띄우고 숙소로 돌아가려는 순간이었다. 갑자기 어디선가 거적 같은 걸 뒤집어쓴 남자가 나에게 오라며 손짓을 하더니 이렇게 꽃불을 띄우면 소원이 이루어질 수 없으니 자신이 하는 대로 따라하라고 했다.

무릎 정도 깊이의 강물 속에 서 있던 그는 주문 같은 혼잣말을 하더니 강물을 떠 몸과 머리에 뿌리고, 그것도 모자라 마시기까지 하였다. 차마 그렇게는 할 수 없을 것 같아 도망가고 싶은 마음이었지만 이방인으로서 좋은 인상을 보여야 한다는 생각에 그를 따라할 수밖에 없었다.

손에 닿는 것조차 찝찝했던 강물을 내 얼굴에 뿌리고 입에 넣어야만 했다. 몇 번을 그렇게 하자 결국 물은 내 목으로 넘어가 버렸고 나는 눈물을 흘려야만 했다. 그 찝찝함은 이루 말할 수 없었지만, 어쨌든 나를 위해 그렇게 애써준 그의 호의가 고마웠고, 처음으로 이들의 종교의식을 체험했다는 생각에 뿌듯함마저 들었다.

하지만 나의 이런 마음은 채 1분도 되지 않아 달아나 버렸다. 고맙다는 말을 한 후 돌아가려 하자 그가 나의 손을 잡더니 대뜸 하는 소리가 나를 위해서 같이 빌어주었으니 그 보답으로 돈을 달라는 것이었다. '이것이 그들의 종교이고 삶인가' 하는 미묘한 감정이 교차하는 순간이었다.

모든 것이 복잡하고 많아 '다(多)'라는 글자가 항상 붙어 다니는 인도는 다문화, 다민족, 다언어, 다종교 국가다. 인도는 힌두교

(Hinduism), 불교(Buddhism), 자이나교(Jainism), 시크교(Sikhism) 등 4개 종교의 발생지이며, 회교, 기독교, 배화교, 유대교 등의 외래종교가 함께 공존하고 있는 나라다.

대략적인 종교 분포는 힌두교 80~82%, 이슬람교 12~13%, 기독교 3% 내외, 시크교 2% 내외, 불교와 자이나교가 1% 미만 등으로 힌두교가 절대적 위치에 있다. 특히 힌두교는 인도에서 종교가 아닌 삶이라고까지 여겨지며 인도의 사회와 문화를 대표하는 종교이기도 하다.

최대종교인 힌두교와 이슬람교는 역사적으로 치열한 전쟁과 분쟁을 겪어오면서 종교·문화적 골이 깊이 남아 있으며, 전체 인구의 95% 가까이를 이 두 종교가 차지하고 있을 정도로 인도에서는 압도적인 비율을 차지한다.

이런 힌두와 이슬람의 대립 사이에서 태어난 시크교는 두 절대종교의 융합과 타협을 위해 창시된 종교다. 불교와 자이나교는 기원전 6세기경 동 시대에 생겨난 종교로 지금 인도에서는 극소수의 신자만이 남아 있는 소수종교들이다.

기독교는 15세기 말부터 유럽열강들이 남인도로 밀을 들이며 선파되기 시작했으며, 지금도 남인도를 비롯하여 북동부 지방에 많은 신자를 갖고 있다. 힌두교의 불평등과 성적 차별에 의해 기독교로 개종하는 사람들 또한 늘고 있다. 이 밖에도 조로아스터교라 불리는 배화교와 델리 연꽃사원으로 유명한 바하이교 등 수많은 종교들이 공존하고 있다.

인도는 종교에 대한 무차별적인 신앙의 자유를 보장하며 모든 종교는 국가로부터 절대적 보장을 받는다고 헌법에 명시되어 있다.

종교가 아닌 삶, 힌두교

인도에 추위가 엄습하기 시작한 12월 말, 델리에서 버스로 6시간 정도의 거리에 위치한 우트란찰Uttaranchal주의 하리드와르Haridwar에 들렸을 때였다. 히말라야 산맥에서 발원한 갠지스강이 그곳을 거쳐 힌두스탄 평원으로 흘러내려가고 있었다.

4년마다 열리는 세계에서 가장 큰 종교적 모임이라는 꿈브멜라(Kumbh Mela, 항아리 축제라는 뜻으로 전 세계 힌두 신자들이 모여 성지 강물에 몸을 담그고 목욕을 하는 축제) 힌두 대축제가 열리는 4대 성지 중 한 곳인데, 1998년에 이곳에서 그 축제가 열렸다고 한다.

이 축제 때마다 강물에 몸을 담그기 위해 수백, 수천만의 힌두교인들이 몰려 압사 사고도 일어난다고 한다. 내가 방문한 날은 축제 기간도 아니었고 날씨도 꽤 쌀쌀해 강물에 몸을 담그기가 힘든 시기였다.

하지만 많은 인파들이 강에 몸을 담그며 기도를 하고 주전자에 강물을 담아가는 모습을 볼 수 있었다.

추위에 입을 부르르 떨면서도 남자는 상위를 벗고 여자들은 옷을 입은 채로 물속으로 들어가 온 몸을 물에 적시면서 기도를 하였는데, 이 강물에 자신의 몸을 담그면 모든 죄가 씻긴다고 생각하기 때문이다. 이것이 그들의 종교이자 삶의 한 부분인 힌두교였다.

 인도를 알기 전 먼저 알아야 한다는 인도의 종교이자 그들의 삶인 힌두Hindu교, '인도는 힌두다'라는 공식까지 성립하게 만든 힌두교는 과연 어떤 종교일까?
 학자들은 힌두교를 명확히 정의하는 것만큼 어려운 것도 없다고 한다. 이들의 힌두 예배인 푸자Puja

강물에 몸을 담그는 힌두인들(하리드와르)

의식도 같이 해보고 힌두 주술도 따라해보면서 힌두교에 대한 경험을 해보았지만, 사회에서 같은 구성원으로서 그들의 행동과 제도에 부딪히고 때로는 객관적인 사고로는 도저히 이해할 수 없는 그들의 모습을 볼 때면, '무슨 이런 종교가 다 있나' 싶을 정도로 혼란이 생기기도 했다.

힌두교는 타종교에서 외치는 누구를 믿고 어떠한 삶을 살라는 식의 교리와는 상당한 차이를 보인다. 사회 구성원들의 문화를 알고 따라야 하며 그들만의 삶의 가치관이나 윤리관까지도 공유하고 습득해야 하는 종교가 아닐까라는 생각을 해보았다.

남인도 지방의 힌두사원

힌두교가 언제부터 시작되었는지 알기 위해서는 인도역사의 시작인 기원전 2,500년경의 인더스 문명까지 거슬러 올라가야 한다. 당시 인도에 살고 있던 드라비다인Dravidian으로 추정되는 선주민들의 토착종교와 기원전 1,500년경 아리아인Aryan이 인도로 침입하면서 가지고 온 종교와 문화가 혼합되어 현재 힌두교의 기초를 이룬다고 알려져 있다.

하지만 그 누구도 힌두교가 언제, 어디서, 어떻게 시작되었는지는 정확히 알 수 없다고 한다. 그래서 힌두교에는 기독교의 예수, 이슬람의 마호메트, 불교의 붓다와는 달리 창조주를 알 수도 없고 존재하지도 않는다. 마찬가지로 이슬람에는 코란Koran, 기독교에는 성경이 있지만 그들에게는 그런 경전도 존재하지 않는다.

물론 경전이냐 아니냐의 논란을 불러 일으켰던 인도에서 가장 오래된 힌두의 종교적·철학적 문헌인 베다Veda 문헌과 같은 자료는 힌두를 연구하는 데 아주 중요한 기록으로 전해지고 있다.

지식이라는 뜻의 베다는 범어梵語라고도 하는 고대 인도 아리아인의 언어인 산스크리트Sanskrit어로 기록되어져 있다. 그러나 현재는 이 문헌을 알고 따르는 힌두인들이 거의 없어 경전으로 부르기가 힘들다는 견해도 있다.

그들에겐 정형화된 교리가 없으며, 기록으로 또는 구전으로 이어져 오는 수많은 신화 속에 등장하는 무수히 많은 신들을 찾아 자유롭게 숭배하고 예배를 드린다.

힌두교는 윤회輪廻와 업業을 바탕으로 하고 있다. 그래서 힌두인들은 자신의 계급과 처한 사항을 개척하려는 자세보다는 운명으로 받아들이고 현실에 만족하고 살아야 한다고 생각하는 듯 보인다.

가끔 TV 설문조사에서 인도나 방글라데시 사람들의 행복지수가 가장 높다고 나오는 것도 이런 종교적 배경이 뒷받침된 것인데, 이런 종교적 사상이 사회의 발전을 저해하고 뒤처지게 하는 요소가 되지 않을까라는 생각도 해본다.

힌두교에는 수많은 신이 있는데, 신들은 서로 연관되어 있기도 하고 하나의 신이 변신을 하여 또 다른 신으로 탄생하기도 한다. 어느 신의 화신, 그리고 어느 신의 아내 또는 아들처럼 연결 고리가 얽히고 설킨 형태로 존재한다.

이렇게 수없이 많은 신들 중에도 가장 중요한 3대 신이 창조의 신인 브라흐마Brahma, 유지의 신 비슈누Vishnu, 그리고 파괴의 신 시바Shiva다.

창조의 신 브라흐마는 이 세상을 창조한 것 이외에는 더 이상 한 일이 없어서인지 인도인들에게 인기가 많지 않은 신이다. 브라흐마를 모시는 힌두인은 거의 없고 그를 위한 사원도 낙타사파리로 유명한 푸시카르Pushkar 외에는 찾아보기 힘들다.

유지의 신 비슈누는 인도인들에게 가장 존경받는 신 중 하나로 그의 화신인 라마Rama와 크리슈나Krsna와 함께 힌두교에서 가장 인기 있는 신으로 여겨진다. 힌두교에서는 불교의 석가모니 또한 비슈누의 화신으로 알려져 있다.

파괴의 신 시바는 보통 삼지창을 들고 있고 긴 머리와 파란 목의 형상을 하며 소(난디)를 타고 다닌다. 시바는 엄청난 성적 에너지를 가진 신으로 믿어지기 때문에 그의 남근 형상인 링가Linga까지도 숭배의 대상이 된다.

링가는 여성의 성을 표시하는 요니Yoni와 결합하는데, 원기둥 형태의 모양을 한 링가는 쟁반같이 가운데 홈이 파인 형상을 한 요니에 올려져, 남녀합일을 통한 생식이라는 의미를 갖는다.

그만큼 생식과 다산이 중요시되는데, 인도에 인구가 이렇게 많은 것도 이런 종교적 이유 때문이 아닐

◀시바 ▶시바가 타고 다니는 소, 난디

까 생각한다.

코끼리 머리를 하고 있는 시바의 아들 가네샤 Ganesha 또한 인도인들에게 많이 숭배되는 신이다. 그의 머리가 아버지인 시바의 실수로 잘려, 지나가는 첫 번째 동물의 목을 붙였는데, 그 동물이 코끼리였다고 한다. 가네샤는 장애물을 제거해준다고 믿기 때문에 사업을 시작할 때 꼭 모시는 신이기도 하다.

세계에서 가장 오래된 종교로 알려져 있는 힌두교는 역사만큼이나 많은 힌두신들이 신화와 그들의 삶 속에 등장하며 공존하고 있다.

소외된 역사의 지배자, 이슬람

새벽부터 부엌에서 '달그락달그락' 하는 소리에 잠이 깼다. 내가 살던 집의 아래층에는 이슬람 가족들이 살고 있었는데 언제부터인가 새벽 4~5시부터 그들의 부엌에서 요리하는 소리가 들리기 시작했다.

식사 시간이 늦기로 유명한 인도에서 왜 새벽부터 아침을 준비하는지 도저히 알 수가 없었다. 나중에 알고 보니 그들이 이른 새벽에 아침을 준비했던 이유는 바로 그 시기가 이슬람의 라마단Ramadan 기간이기 때문이었다.

라마단은 이슬람교에서는 신성한 달로 여겨지는 기간으로 그 달에는 해가 떠 있는 동안 금식을 해야 하며 음식은 해 뜨기 전과 해가 진 후에만 먹을 수 있다.

이슬람력을 기준으로 열리는 라마단은 매년 10~12일 정도 빨라지는데, 인도의 한여름에 라마

예배를 드리는 이슬람인

단이 진행되면 종종 사망하는 사람까지 생긴다고 한다. 해가 떠 있을 때는 물뿐만 아니라 침조차도 삼키지 않는다고 하니 그들의 종교적 교리는 이방인인 나에겐 잔인해 보이기까지 했다.

인도의 상징이 되어버린 타지마할, 델리의 붉은 성과 꾸뜹미나르 등 인도의 많은 문화유산이 이슬람에 의해 건축되어진 것만 보아도 인도에서 이슬람은 역사나 문화적으로 힌두 못지 않은 전통과 역사를 갖고 있다. 이슬람은 힌두와 함께 인도의 주인으로 한 시대를 풍미하며 오래전부터 인도에 자리 잡고 있었던 것이다.

인도의 최대 외래종교인 이슬람은 그 수만도 1억 5,000만 명에 가까워 파키스탄 전체 인구보다 많은 신자를 갖고 있다. 인도는 인도네시아에 이은 세계 제2의 이슬람 대국이다. 독립 후 정치적으로 분리된 파키스탄과 그 후에 탄생된 방글라데시로 인해 인도 내 이슬람 수는 줄어들었지만 파키스탄, 방글라데시의 이슬람 인구를 합친다면 4억에 가까운 인구가 이슬람인 것이다.

이슬람교는 7세기 초 예언자 마호메트Mahomet가 창시해 유일신 알라가 계시한 '코란'을 경전으로 하는 종교로, 8세기 초부터 인도로의 접근을 시도했으며 11세기부터 본격적인 인도정복을 위해 침입하기 시작했다. 결국 12세기 말 인도에서 화려한 이슬람 왕조의 시작을 알리게 된다

이슬람 문화의 전성기인 무굴Mughal제국을 거쳐 700년 가까이 이 나라의 지배자로 군림하며 역사를 꽃피운 이슬람교는 영국의 지배를 거쳐 인도의 독립과 함께 파키스탄이라는 새로운 이슬람 국가를 탄생시켰다. 후에 동 파키스탄은 다시 방글라데시라는 이름의 국가로 독립한다.

이슬람의 인도 침입 후 줄곧 지배자의 위치해 있었던 역사적 배경에도 불구하고 이슬람인들은 현재 주로 서민계층을 이루며 사회의 하위계층으로 살아가고 있다. 그들은 교육의 기회도 얻지 못하고 대부분 슬럼가에 거주하고 있으며 다른 힌두교 하위 카스트처럼 열악한 환경에서 생활하고 있다.

이들의 교육문제, 실업문제, 인권문제 등은 더 이상 방관할 수 없는 인도사회의 또 다른 심각한 문제로 대두되고 있다. 힌두의 하위 카스트들은 그들을 보호하는 법이라도 있어 사회의 소외자로서 어느 정도 혜택을 받고 있지만, 이슬람들은 그런 혜택조차 받지 못하며 한편으로는 하위 카스트들보다 못

이슬람 사원에 모인 이슬람인들

한 생활을 하고 있다.

이들은 정부조직에서도 불가촉천민의 비율보다도 낮은 비율을 점유하며 사회에서 소외와 냉대를 받고 있어 그 불만이 날로 커지며 사회의 심각한 문제이자 더 나아가서는 종교 갈등으로까지 확산되고 있다.

샤자한을 비롯한 인도의 지배자로 군림했던 무굴제국의 왕들이 그의 후손들이 처해 있는 이런 상황을 지켜본다면 과연 어떠한 생각을 할지 의문이다.

이슬람 선조들이 일구어낸 타지마할을 비롯한 수많은 이슬람 유산들로 천문학적인 관광수입을 벌어들이고 있는 힌두인들을 보면, 지금 인도 이슬람이 처한 상황이 안쓰럽기까지 하다. 그 천문학적인 문화재 수입을 소외된 이슬람인들에게 조금이나마 환원할 수는 있는 법을 만들 수는 없을까 생각해본다.

인도사람들은 모두 터번을 쓰고 다닌다?

　　　　　같이 공부를 하던 한 선배가 직접 겪은 일이다. 선배가 뉴델리 시내를 돌며 필요한 살림살이를 산 후 오토릭샤를 타고 집으로 돌아오는 길이었다. 짐이 워낙 많았기 때문에 정신이 없어서 집으로 들어와서야 가방을 릭샤에 놓고 내린 걸 알게 되었다. 돈도 돈이지만 여권과 신용카드 등 절대 잃어버리면 안 될 모든 신분증과 카드들이 든 가방을 그만 릭샤에 놓고 내린 것이다.

　어찌할 바를 몰라 대사관에 연락을 하고 안절부절하며 집을 나왔는데 놀랍게도 그 릭샤기사가 어느새 집 앞에 돌아와 가방을 돌려주었다고 한다. 게다가 그날은 항공권을 구입하기 위한 수백 달러의 현금이 가방에 들어있었는데, 열었던 흔적도 전혀 없었다. 릭샤기사는 가방을 주며 그 선배에게 말했다.

　"나는 고향이 펀잡Punjab이고 시크Sikh교인이다. 어렸을 때부터 가난하게 살아도 정직하게 살라고 배웠다. 그래서 이 가방을 당신에게 돌려주려고 다시 온 것이다."

이 믿기지 않은 이야기는 한동안 많은 화젯거리를 나으며 한국 학생들 사이에 회자되었다.

어렸을 때 보았던 TV광고에 인도인이 출연했는데 그 사람은 머리에 모자 같은 큰 터번을 두르고 있었다. 그때부터 나는 모든 인도사람이 터번을 두르고 있다고 생각하기 시작했고 그것이 착각이었다는 걸 인도에 와서 알게 되었다.

인도에서 이렇게 터번을 두르고 다니는 시크교도는 외래교인 기독교에 비해서도 그 수가 적은 2,000만 명 내외로 전체 인구의 2% 정도밖에 되지 않는다.

시크교는 무굴세국이 건설되기 몇 해 전인 16세기 초반 박애(博愛, 평등을 기본으로 하는 인간애)를 기본으로 힌두교의 박티Bhakti정신과 이슬람교를 부분적으로 수용해 구루 나나크(Guru Nanak, 1469~1538년)가 창설한 종교로 인도 북부 편잡 지방을 중심으로 발전해왔다.

나나크는 남녀평등을 주장하며 여성차별 타파를

주장했고 힌두교의 최대 병폐인 카스트제도를 부정하였다. 그는 시크교뿐만 아니라 힌두교나 이슬람교에서도 위대한 성자로 역사에 남아 있다.

창시자 구루 나나크부터 마지막 구루인 고빈드 싱(Govind Singh, 1666~1708년)까지 10대의 정신적 교주가 있었으며, 마지막 교주인 고빈드 싱에 의해 현재의 시크교가 정비되었을 만큼 시크교에 미친 영향은 절대적이었다.

나나크는 막강한 군대를 정비해 다른 종교에 대항하고 스스로의 자립을 위해 노력했으며, 5K(Kesh장발, Kangha머리빗, Kachh짧은 바지, Kara쇠 팔찌, Kirpan칼)라고

인도의 시크교인

불리는 계율을 정해 신자들이 따르도록 하였다.

시크교도의 대부분이 싱Singh이라는 이름을 가지고 있는데 사자의 뜻을 지닌 의미에서 고빈드 싱에 의해 시크교 남자들에게 붙여졌다고 한다.

그들의 용맹스러움은 영국 지배 시절부터 인정받아 군대에서 눈에 띄는 역할을 해왔다. 그들은 몸집이 크며 용감해 현재 인도군대에서도 많은 장군들과 군인들이 시크교 신자다.

역사적으로 시크교는 자립적인 그들만의 국가를 세우려고 많은 노력을 하였으나 번번이 실패로 돌아갔다. 19세기 중반 시크전쟁을 통해 그들의 독립과 왕국건설의 계획이 영국군에 의해 좌절되었다. 1984년 자신들의 거점인 암리차르의 황금사원을 점령하고 독립을 요구했으나 이번엔 인도 정부에 의해 저지당했다.

그 해 과격 시크교도 경호원이 인도의 수상 인디라 간디를 암살한 사건으로 분노한 시민들이 시크교도들을 마구잡이로 학살하여 수천 명이 목숨을 잃었다. 터번을 쓰지 않고 머리를 기르지 않는 시크교도들을 만날 수 있는 이유도 그 당시 위협을 느껴 머리를 자른 시크교인이 상당수에 이르기 때문이다.

편잡주 암리차르Amritsar에 위치한 황금사원Golden Temple은 시크교의 메카로 그들의 정신적 지주역할을 하고 있으며, 시크교도뿐만 아니라 많은 내외 관광객이 몰릴 정도로 인도 서북부 지방의 상징이자 관광지로 알려져 있다.

2008년 현재 인도의 국가원수인 맘모한 싱 Manmohan Singh 수상 또한 시크교도이며, 시크교의 입지는 날로 성장하고 있는 추세다.

붓다의 나라에서 사라진 불교

우리나라에도 많은 신자가 있는 불교는 인도에서 탄생한 종교다. 우리가 흔히 부처님이라고 부르는 석가모니釋迦牟尼의 석가는 석가Sakya족이라는 의미이며, 모니muni는 성자라는 의미로 '석가족의 성자'라는 뜻을 갖고 있다. 석가모니의 본명은 싯타르타 고타마Siddhārtha Gautama로 득도得道 후 붓다Buddha로 불리게 되었다.

기원전 6세기경, 현재 네팔 남부 룸비니 지역 석가족의 수도 카필라바스투에서 왕자로 태어난 고타마 싯다르타는 29세에 앞날이 보장되어 있는 왕자의 신분을 버리고 고행의 길을 걷기 시작한다. 그는 현재 비하르주의 보드가야Bodh Gaya의 유명한 보리수나무 아래 앉아 득도하였다. 그후 갠지스강 바라나시 주변 사르나트Sarnath에서 설법을 시작한다.

쿠시나가르Kush Nagar에서 열반에 들기까지 40년이 넘는 시간을 전국을 돌며 불교를 알리는 설법을

▲사르나트의 한국절

◀부처님의 설법지 사르나트

하였고 그에 힘입어 불교가 전국으로 퍼져나갔다.

하지만 당시 불교는 인도의 일부 지역에 한정되어 있는 지역종교로 머물러 있었다. 지금과 같이 세계 3대종교의 위치까지 오르는 데 가장 뛰어난 업적을 남긴 사람이 바로 첫 번째 인도의 통일제국이었던 모리야Maurya왕조의 3대왕 아소카Asoka대왕이다.

그는 여러 차례에 걸쳐 불교 순례를 하며 불교관련 석주 및 탑을 전국에 세웠고 스리랑카 및 전 세계 여러 지역에 불교를 전파하였다. 그가 없었더라면 현재 불교의 위치는 없었을 것이라 여겨질 정도로 그가 불교에 미친 업적은 대단하였다.

학자들 사이에서는 불교가 힌두교와 많은 공통점을 갖고 있기 때문에 새로운 종교가 아니라는 의견이 분분하다. 불교에서 합장을 하는 것도 힌두에서 인사할 때 하는 합장에서 유래되었다고 주장하는 이들도 있다.

하지만 불교와 힌두교의 가장 큰 차이점은 불교는 평등을 기본정신으로 한다는 것이다. 계급사회를 인정하는 힌두교와는 다르게 불교는 만인의 평등, 특히 남녀평등을 주장한다. 그래서 낮은 신분의 힌두교인이 불교로 귀의하는 경우가 많다.

불교의 종주국이면서도 불교가 인도에서 발전할 수 없었던 가장 큰 이유는 인도인들의 삶에 뿌리 깊게 박혀 있는 힌두교 계급사회 때문이었다. 상위 브라만 계층에서 평등을 내세우는 불교에 대한 불만이 끊이지 않았고, 결국 불교는 그들의 저항을 이겨낼 수 없었던 것이다.

힌두교에서는 석가모니를 힌두교신의 한 화신으

로 생각할 정도로 다른 종교로 생각하지 않는 것도 불교가 힌두교에 묻히게 된 원인이다.

또한 아소카대왕 이후 특별히 불교를 부흥시키려는 군주도 없었기 때문에 불교는 점점 그 위치를 잃어갔다. 또한 타종교를 인정하지 않는 이슬람 세력이 인도에 발을 들여 놓기 시작하면서 불교는 더 이상 인도에서 살아남을 수 없는 종교가 되어버렸다.

현재 인도에는 불교신자 수가 전체 인구의 1%가 채 되지 않는 800만 명 내외로 불교의 종주국이라는 말이 무색할 정도다. 오히려 다른 국가로 전파되어 한국, 중국, 일본을 비롯한 동북아시아와 태국, 스리랑카, 베트남 등지에서 국교로까지 발전되었다.

부처님이 태어나신 룸비니Lumbini, 득도하신 보드가야Bodh Gaya, 첫 번째 설법을 하신 사르나트Sarnath 그리고 열반에 드신 쿠시나가르Kush Nagar가 불교 4대 성지이며, 매년 동남아시아를 비롯한 많은 국가에서 불교성지 순례를 위해 인도를 방문하고 있다.

불살생의 자이나교

남부인도를 여행하던 중이었다. 갑자기 내 눈을 의심할 수밖에 없었는데, 옷을 전혀 걸치지 않은 남자 하나가 손에 빗자루 같은 것을 들고 유유히 지나가고 있었다. 인도여행을 하면서 옷이 없어 나체로 다니는 꼬마 거지들을 보았던 경험이 있었기에 나는 그저 그 사람도 거지라고 생각할 수밖에 없었다.

하지만 아무리 그래도 어린애도 아니고 나이도 지긋한 어른이 몸에 실오라기 하나 걸치지 않고 거리를 활보한다는 것이 믿기지가 않았다. 정신이 나간 사람이라고 보기엔 너무나 멀쩡해 보였고, 더 이해가 되지 않는 건 그에게 전혀 신경을 쓰지 않는 인도사람들이었다. 그 벌거벗은 남자는 아무렇지도 않게 거리를 지나갔고 점점 내 눈에서 사라져 갔다.

자이나교Jainism는 불교와 거의 동시대인 기원전 6

세기경 마하비라Mhavira에 의해 창시된 종교로 알려져 있다. 하지만 마하비라가 첫 번째 창시자가 아닌 24번째 교주로 자이나교는 그보다 훨씬 전부터 이어져왔다는 설도 있다.

포교활동으로 전 세계에 퍼져나가 많은 신자를 보유하고 있는 불교와는 달리 인도 내에서만 발전해온 자이나교Jainism는 현재 인도 전체 인구의 0.5%가 채 되지 않는 400만 명 정도의 신자를 갖고 있다.

자이나교는 힌두교의 유신론적 교리를 부정하고 인간 존재의 영원성과 해탈한 인간 영혼이 창조주를 대신한다고 믿고 있다. 자이나교가 가진 타종교와의 가장 큰 특징은 금욕과 불살생을 강조하는 것인데, 무소유를 강조해 재산을 갖지 말도록 하고 있다.

그들은 집이 아닌 길거리에서 자는 것을 대수롭지 않게 생각하며, 지독할 정도로 불살생을 강조해 농업에도 종사하지 않고 주로 상업에 종사하고 있다. 농업에 종사하게 되면 흙을 갈아야 하기 때문에 작은 곤충 하나라도 살생할 수 있다는 이유에서다. 밥을 먹을 때도 혹시나 작은 곤충이나 벌레가 입으로 들어가 죽게 되지 않을까 해서 매우 조심스럽게 먹는다.

불살생을 지나치게 강조하다 보니 이들은 당연히 채식주의자 중에서도 지독한 채식주의자로 뿌리채소인 양파, 마늘, 무도 먹지 않고 금식과 단식을 통해 욕망을 이겨내는 고행을 한다. 또한 길거리의 벌레라도 밟아 살생할까봐 빗자루로 자기가 지나가는 거리를 쓸고 다니기까지 한다.

이들은 정직을 발판으로 한 사업수단이 좋아 상거래 등에서 신의를 가지고 많은 부를 축적하였다. 인도 전체 상업부분에서 이들이 차지하는 비중이 상당하다. 부를 축적할 수 없는 무소유 교리 때문에 토지소유는 금하지만 상업으로 축적한 부는 허용된다고 하니 어찌 보면 모순 같기도 하다.

하지만 이들은 이렇게 축적한 부를 자신의 종교를 위해 천문학적인 액수의 기부도 마다하지 않는다.

고행을 하는 자이나교의 사두(Saduh, 고행자) 숭에는 옷을 하나도 걸치지 않는 고행자들이 많으며, 심지어는 몸을 무엇인가로 하얗게 칠한 사람들을 본 적도 있다.

자이나교에는 옷을 전혀 입지 않는 공의파空衣派와 하얀 옷을 입는 백의파白衣派가 있는데 근본적인 교리의 차이는 없다고 한다.

이들은 특히 자기 자신을 혹사시키고 고통을 주는 고행을 하는데 차력 쇼에서도 보기 힘든 엽기적인 고행을 한다. 자신의 머리카락을 한 움큼씩 뽑기도 하고, 바늘로 온몸을 찌르는가 하면 단식으로 생을 마감하기도 한다. 특히 근대사회 마하트마 간디 Mahatma Gandhi의 비폭력 사상에 지대한 영향력을 주었다고 한다.

전쟁으로 인한 폭력과 살생으로 어지럽게 변하고 있는 지금의 세계와 자본주의 사회 속에 물질만능주의가 만연하고 행복의 기준이 부가 되는 요즘 새롭게 조명되어질 만한 종교라고 생각한다.

예수는 힌두신의 화신

북동부 지역 출신의 인도인 친구를 따라서 교회에 간 적이 있다. 그 친구는 인도에도 교회가 꽤 많고 자기처럼 기독교 신자들도 적지 않다고 했다. 인도에는 전부 힌두교 신자만 있는 줄 알았는데 한국의 교회에서처럼 십자가를 향해 손을 모아 기도하는 모습을 보니 왠지 낯설게 느껴졌다.

인도와는 어울릴 것 같지 않은 기독교는 힌두교와 이슬람교를 제외한 소수 종교 중 가장 많은 비중을 차지하는 종교다. 시크교도 보다 많은 전체 인구의 2.5%가 넘는 신자들을 보유하고 있다. 주로 남인도 해안 지방에 신자가 많고 특히 고아Goa주는 전체 인구의 40% 가까이가 기독교인이다.

인도 4대 도시 중 한 곳인 첸나이에는 16세기 초반 포르투갈에 의해 지어진 예수의 열두 제자 중 한 사람인 도마의 무덤 위에 세운 산 토메San thome 성당이 있다.

도마가 기독교가 시작될 무렵 인도에 와서 기독교를 처음 전파했다는 설도 있지만, 인도역사에서 기독교는 15~16세기경 유럽의 열강들이 인도에 발을 들이면서부터 본격적으로 인도에 전파된 것으로 기록되어 있다.

기독교가 처음 인도에 상륙하게 된 계기는 포르투갈이 인도 서해안으로 들어오기 시작하면서 부터다. 이들은 물론 처음에는 무역을 목적으로 인도에 들어왔으나 곧 교황의 명으로 포교를 시작하게 되었다. 포르투갈, 네덜란드, 프랑스를 거치면서 인도에 많은 선교사들이 들어와 활동하였고, 19세기 중반부터 영국의 본격적인 지배가 시작되면서 기독교가 인도 전체로 퍼지기 시작했다.

힌두사회에서 최대 적대종교인 이슬람교에 비해 그 수는 미미하지만 기독교 또한 이렇게 인도사회에 스며들면서 과격 힌두단체들의 표적이 되고 있다. 기독교인을 배타하고 테러까지 저지르는 경우도 종종 발생한다.

한국을 비롯한 많은 국가에서 기독교 선교를 위해 인도로 들어오는 경우가 상당히 많다. 하지만 선교 목적으로 들어오는 외국인에 대한 합법적인 비

인도교회

자가 없어 아직끼지는 유학이나 사업 비자를 받아 인도에 들어와 선교를 하고 있는 실정이다.

힌두교에서는 예수도 힌두신의 한 화신으로 생각하기 때문에 인도인에게 선교가 힘들다고 한다. 한 선교사에 의하면 그들에게 경제적인 도움을 주고 교육혜택을 주면 금방이라도 개종을 할 것처럼 보이지만, 물질적인 지원이 끊기면 어느새 원래 자신의 자리인 힌두사회의 구성원으로 돌아간다고 한다.

체계적이고 정해진 교리가 없는 힌두에서는 자기가 처한 상황에 맞게 유동적으로 움직이기 때문에 그들의 이런 모습은 전혀 부끄러울 것도 없고 이상하게 생각되지도 않는다.

독립 후 기독교는 억압과 핍박받던 하위계층 카스트들이 개종하는 종교가 되면서 신도 수가 조금씩 증가하고 있다. 인도에서 불평등이 원인인 힌두교의 카스트가 없어지지 않는 한 기독교 신자 수는 계속 늘어갈 것이다.

끊이지 않는 종교 갈등

2006년 6월 인도여행의 메카로 불리는 빠하르 간지에는 많은 시민들이 나와 이슬람의 정치참여를 반대하는 집회를 열고 있었다. 이 집회가 열리기 바로 전날에도 스리나가르Srinagar에서는 테러가 일어났다.

인도에서 발생하는 대부분의 테러들이 종교적인 문제가 원인이라고 해도 과언이 아닐 만큼 종교 간 대립, 특히 힌두와 이슬람 간의 대립은 그 골이 상당히 깊어 보였다.

인구의 80%를 차지하는 힌두교도들의 고달펐던 지난 세월에 대한 복수 때문일까? 이슬람에 대한 압박과 핍박은 끝이 나지 않는 현재진행형이다. 그 속에서 자신의 위치를 지키고 분리 독립을 요구하는 이슬람 분리주의자들의 대립과 갈등은 날이 갈수록 깊어져만 가고 있었다.

이슬람세력들에 의해 자신의 땅에서 피지배자로

수백 년을 참고 살아야만 했던 힌두인들의 가슴 속 한恨과 설움 때문인지 인도에서는 이 두 종교집단 간의 투쟁과 싸움으로 조용할 날이 없다. 역사 속에서도 이들은 항상 첨예한 대립을 하면서 지금껏 같은 하늘 아래 살아왔다.

인도사회에서는 이슬람을 항상 침략자로 간주한다. 한마디로 이슬람교는 침략자의 종교인 것이다. 인도에 이슬람의 지배가 시작되면서 700~800년 동안 이슬람은 침략자이며 정복자로, 힌두는 피지배 계급으로 살아왔던 것이다.

1992년 발생한 아요디야Ayodhya사태는 두 종교집단 간의 대립을 보여주는 대표적 사건이라고 할 수 있다.

인도 중북부 우타르 프라데쉬주의 작은 도시 아요디야는 종교적으로 중요 성지 중 하나로 알려져 있는 곳으로, 도시 전체가 힌두교뿐만 아닌 이슬람, 불교, 자이나교 사원 등으로 뒤덮여 있는 사원 도시다. 힌두교 3대 신 중 하나인 비슈누Visnu의 화신 람Ram이 태어난 곳으로 알려지면서 매년 많은 힌두신자들이 찾아온다.

이 작은 도시에서 1992년 대규모의 유혈사태가 벌어졌다. 무굴Mughal시대에 건축된 것으로 알려진 바브리 이슬람 사원이 힌두교 람 사원을 허물고 그 자리에 세워졌다고 믿는 힌두

힌두인들이 이슬람인들의 정치참여를 반대하는 시위 모습

교도들이 그 사원을 파괴하고 난장판을 만들어 놓은 것이 사건의 원인이 되었다.

이 사건은 순식간에 전국으로 퍼져 힌두와 이슬람의 충돌을 불러왔고 그 결과 수천 명이 목숨을 잃는 초유의 사태로 번지게 되었다. 사건 이후로 아요디야는 힌두와 이슬람 충돌을 상징하는 대립의 장소처럼 되어 버렸고 아직도 그곳에는 알지 못할 긴장감이 흐르고 있다.

2002년 초 한국이 월드컵 준비로 들썩이고 있을 무렵 인도는 힌두-이슬람 간 또 한 번의 대립과 폭동으로 홍역을 치러야만 했다.

그 해 2월, 문제의 도시였던 아요디아에서 힌두

성지 순례단을 태우고 돌아오던 열차가 구자라트주의 고드라역에 도착하자 이슬람 폭도들이 열차를 습격했다. 그들은 열차 안에 휘발유를 뿌리고 방화를 저질러 50여 명이 넘는 무고한 힌두인들이 목숨을 잃었다.

이에 격분한 구자라트주의 힌두인들이 이슬람에 대한 보복으로 그들이 운영하는 상점을 불태우고 강도, 강간을 비롯해 무슬림들을 불에 태워 죽이기까지 했다. 심지어는 이런 폭동을 힌두경찰들이 묵인했다는 소문이 있을 정도로 나라의 법까지 무너뜨린 사건으로 번지면서 힌두-이슬람 간의 충돌은 걷잡을 수 없게 퍼져 나갔다.

힌두-이슬람의 대립을 보이는 또 다른 곳이 바로 북인도 카슈미르 지역이다. 그곳은 항상 두 종교집단, 더 나아가 인도-파키스탄 간 대립으로 조용할 날이 없는 곳으로 알려져 있으며 폭탄테러 등으로 많은 사상자가 발생하고 있다.

인도가 영국으로부터 독립할 시기에 카슈미르는 인도와 파키스탄 중 어느 쪽에도 갈 수 없는 입장에서 독립을 하려고 했으나 파키스탄의 무장 세력들에 의해 위기에 처해 결국 인도에 도움을 받게 된다. 그러면서 이 문제가 국제적·정치적 이슈로 부각되기 시작했다.

카슈미르 지역은 역사적으로 힌두 지배자들에 의해 유지되었으나 주민들 대부분은 이슬람으로 구성되어 있었다. 국민투표를 통해 카슈미르의 거취를 결정하라는 국제적 중재에도 불구하고 대부분 이슬람 구성원들로 이루어진 지역 투표의 결과는 불 보듯 뻔했기 때문에 인도는 어떻게든 투표를 못하게 만들었다.

그 결과 지금도 카슈미르 지역은 두 국가와 두 종교 간의 대립이 끊이지 않는 곳으로 남게 된 것이다. 인도와 파키스탄은 이 문제로 독립 후에도 세 차례나 전쟁을 하게 된다. 아요디야 사건 이후로도 인도 여러 지역에서는 끊임없이 테러가 이어지면서 이들 두 집단 간 싸움은 계속되고 있다.

파키스탄과 방글라데시까지 분리된 지금에도 인도는 많은 종교적·민족적 갈등과 분리주의자들의 테러로 홍역을 치르고 있다. 이 두 종교가 인도에서 공존하는 한 이런 갈등과 테러는 영원히 끝나지 않을 것만 같아 보인다.

이곳만은 꼭 가보자 Ⅲ

◉ 인도의 어머니 갠지스강의 바라나시

바라나시를 흐르는 갠지스강

강인지 하수인지도 구별이 안 될 만큼 더러워 보이는 물에 해골이 둥둥 떠다니는 데도 사람들은 아무렇지 않게 목욕을 하고 있다. 진짜 쇼킹하다라는 느낌만 받았지 그게 무슨 강인지 어느 나라인지는 머릿속에 들어오지 않았다. 우리가 한 번쯤은 보았거나 들어보았을 〈쇼킹 아시아〉와 같은 쇼킹시리즈 비디오의 한 장면이다.

인도를 떠올리면 타지마할과 함께 꼭 가봐야 할 곳 중 한 곳으로 거론되는 곳이 '인도의 어머니'라 불리는 성스러운 강 '갠지스'다. 해골이 강물에 떠다니는 걸 묘사해 실제냐 거짓

이냐의 논란까지 일으켰던 그 강이 바로 갠지스강이었던 것이다.

히말라야 만년설의 강고트리Gangotri라는 곳에서 작은 물줄기로 시작해 인도 중북부 평야지대를 가로지르는 강으로 인도인들에게는 어머니와 같은 존재로 생각되어지는 곳이다.

인도에서 가장 오래된 도시 중 한 곳으로 알려진 바라나시는 이 갠지스강이 흐르는 도시다. 이곳에서는 24시간 내내 꺼지지 않는 장작불이 솟아오르며 힌두인들이 마지막으로 화장되어 강물에 뿌려진다.

이른 아침 사람들은 강변에 나와 몸을 씻고 주술을 외우며 하루를 시작한다. 다른 나라 사람들이 보면 그저 더럽고 균으로 가득한 강이지만 그들은 이곳에서 목욕을 하며 그들의 죄를 씻어낼 수 있다고 생각한다. 인도 사람들은 고인 물에 몸을 씻는 것을 더럽다고 생각하기 때문에 항상 흐르는 강물에 몸을 씻는다.

낮에는 이곳에서 빨래를 하고 밤이 되면 기도를 하고 강물에 꽃불을 띄우며 기도한다. 그리고 결국 주검이 되어 이곳에서 화장되어 뿌려지기를 염원한다. 우리 눈에는 더럽고 오염된 강물로만 보이는 갠지스는 인도인들에게 만큼은 어머니이자 생명과도 같은 존재다.

델리에서 밤기차를 타고 12~14시간 정도의 거리에 위치한 바라나시는 델리로 들어오는 여행객이 가장 먼저 찾는 도시

바리나시 화장터의 모습

로도 알려져 있다. 꽉 막힌 자동차와 릭샤, 사람들이 뒤섞여 엉망진창이라는 표현이 딱 맞을 정도의 모습이 연출되는 갠지스강 주변은 인도를 설명하기에 가장 알맞은 그림이 되기도 한다.

바라나시에서 릭샤나 버스로 30분 정도의 거리에 위치한 사르나트Sarnath는 붓다가 설법을 시작한 불교 4대 성지 중 한 곳이며, 바라나시 힌두대학은 역사와 전통을 자랑하는 인도, 특히 힌두교를 대표하는 대학이다.

인도를 함축시켜 놓았다고 할 정도로 인도를 가장 잘 표현하고 있어, 인도에서 가장 인도스러운 것을 보고 싶다면 이곳 갠지스강이 흐르는 바라나시로 가라는 말처럼 이곳은 인도의 매력을 가장 잘 볼 수 있는 곳이라고 할 수 있다.

IV

복잡하고 다양한
사회와 문화

매우 번잡한 델리대학 주변의 주택가. 학교 주변이다 보니 자취하는 학생들이 많은 동네다. 야채를 사기 위해 좁은 시장골목을 걷고 있는데 젊은 학생 둘이서 오토바이를 타고 지나가고 있었다. 얼핏 보아도 소위 말하는 좀 사는 집 아이들 같았다.

그들이 지나간 지 1분도 채 되지 않아 어디선가 갑자기 욕을 하는 소리가 들리기 시작해 고개를 돌려보니 그 오토바이를 탄 두 학생이 늙은 싸이클릭샤 기사의 멱살을 잡고 헬멧을 벗어 그를 가격하려고 했다. 자기 아버지 벌도 더 되어 보이는 뼈만 앙상히 남은 릭샤 기사를 그들은 마구잡이로 대했던 것이다. 그 광경을 목격했던 한 학생에게 상황을 묻자 릭샤가 가는 길을 방해해 릭샤를 살짝 받았다는 것이었다.

누가 보아도 릭샤 기사가 피해자인데도 불구하고 그들은 릭샤 기사에게 욕을 하며 때리려고 했던 것이다. 그 광경을 지켜보던 어떤 인도인도 그 릭샤 기사를 도와주지 않았고 말도 안 되는 두 학생들의 태도를 비난하지도 않았다. 릭샤 기사가 사회적 약자였기 때문이다.

불평등이 존재하는 세계 최대 민주주의 국가

방 벽에서 물이 새어 나와 좋지 않은 냄새를 풍기는 계절이었다. 집주인에게 고쳐줄 것을 요구하자 주인은 차일피일 미루면서 변명을 늘어놓았다. 나이가 많은 사람이라 말도 잘 안통하고 답답할 뿐이었다.

그래서 인도인 친구에게 나의 상황을 알려주고 집주인을 만나 수리를 요구해 달라고 부탁했다. 같은 인도인들끼리는 말이 잘 통하리라고 생각했던 것이다.

그 친구는 집주인을 만나 모든 상황을 말해주고 내가 했던 것처럼 수리를 요구했다. 집주인은 그때서야 공사를 해주겠다고 약속했다. 역시 인도인들끼리는 말이 통한다는 생각에 친구에게 도움을 요청한 것이 정말 잘한 일이라고 생각했다.

하지만 며칠이 지나도 연락이 없는 것이었다. 집주인에게 전화를 걸어보았지만 전화통화도 잘 안

인도의 노숙자들

되고, 전화를 받으면 알겠다는 대답만 할 뿐이었다. 너무 화가나 반나절씩 와서 청소와 심부름을 해주던 바산트라는 남자 가정부Servant를 주인집으로 보냈다. 집주인이 집에 있으면 바로 달려갈 작정이었다.

한 시간쯤 지났을까, 바산트가 돌아왔고 집주인을 만나 직접 얘기를 다하고 공사 약속까지 받았다고 했다. 그때까지만 해도 대답만 하고 집수리는 또 미룰 것이라고 생각하며 인도인들은 도대체 왜 약속을 안 지키는지에 대한 푸념만 늘어놓고 있었다.

하지만 이틀 뒤 집주인이 수리공과 함께 집으로 직접 찾아 왔고 공사를 해주었다. 바산트의 말대로 집주인이 약속을 지킨 것이다.

집을 수리하는 동안 바산트는 집주인을 공손히 대했고, 집주인과 이런저런 담소를 나누는 것 같아 보였다. 집주인과 하인인 바산트가 마치 가족처럼 웃고 담소를 나누는걸 보고 인도같지 않다는 생각이 들었다.

공사를 마치고 난 후에 나는 바산트와 집주인 모두 브라흐만이었기 때문에 그럴 수 있었다는걸 알게 되었다. 외국인인 나도, 내 친구도 해결하지 못했던 일을 우리 집 가정부인 바산트가 해결했던 것이다.

인도인들은 그 사람의 이름만 들어도 어떤 카스트인지 알 수 있다고 한다. 바산트는 비록 지금 가정부 일을 하고 있지만 그의 집안은 전통 있는 브라흐만 집안이었던 것이다. 낮은 카스트가 깨끗이 씻은 손으로 건네주는 빵은 안 먹어도 브라흐만이 화장실에 다녀와서 건네주는 빵은 먹는다. 인도에서의 계급의 힘, 바로 '카스트'였다.

카스트의 뿌리는 기원전 1,500년경까지 거슬러 올라간다. 아리아인Aryan들이 인도에 들어오기 시작하면서 선주민인 드라비다인Dravidian과 지배계급, 피지배계급을 분리하기 위한 제도에서 시작됐다고 한다.

우리가 알고 있는 카스트Caste는 15세기 이후 인도로 무역을 하러 온 포르투갈인의 눈에 비친 인도인들의 사회와 가족 집단을 종, 혈통, 종족 등의 뜻을 지닌 포르투갈어, 카스타Casta로 부르기 시작하면서 유래되었다고 한다. 하지만 인도에서 우리가 배운 카스트의 개념을 제대로 알기 위해서는 바르나Varna와 자띠Jati의 의미부터 파악해야 한다.

색깔의 의미를 가진 바르나Varna는 우리가 카스트라고 알고 있는 사성제도인 브라흐만Brahman, 크샤트리아Ksatriya, 바이샤Vaisa, 수드라Sudra로 나뉘는 계급체계를 말한다. 가장 오래된 인도의 종교문헌인 리그베다Reg-Veda의 창조신화에 의하면 뿌루샤Pursa 신을 제사 지내니 그의 머리는 브라흐만, 팔은 크샤트리아, 다리는 바이샤, 그리고 마지막으로 발에서 수드라가 태어났다고 한다.

반면에 출생을 뜻하는 자띠Jati는 사회·지역 공동체 집단 안에서의 기능적인 분류, 즉 직업적인 분류를 말한다. 3,000여 가지가 넘는 자띠 중에서 2,000여 가지 이상이 직업적인 분류로 되어 있다고 한다.

바르나와 자띠의 관계를 보다 쉽게 설명해 보자.

우리나라 조선시대 양반과 상놈의 분류와 마찬가지로 광범위한 사회적 분류가 바르나라고 한다면, 자띠는 바르나 안에서의 현실적·직업적으로 세분화된 기능적 분류라고 할 수 있다.

슬럼가의 아이들

같은 브라흐만이라 해도 그가 속해 있는 사회 집단에서 기능적 분류인 자띠에 의해 세분화된다. 어떤 브라흐만은 제사를 지내는 사제일 수도 있고, 어떤 브라흐만은 학생을 가르치는 교육자일 수도 있는데 그것은 그들이 같은 바르나를 가졌어도 직능적인 분류인 자띠가 서로 다르기 때문이다.

반대로 다른 두 지역에서 같은 직업을 가진 두 사람의 바르나가 다를 수 있다. 그것은 그들이 속해 있는 사회집단에서 기능적인 분류인 자띠가 바르나, 즉 카스트와 항상 일치되지 않기 때문이다.

다시 말해 자띠가 그들이 살고 있는 집단, 주로 소공동체 안에서 더 중요시되는 분류라면 바르나는 타 집단과의 분류에서 더 영향력을 가진다고 할 수 있다.

  민주주의에서 '인간의 존엄성'이라는 기본적 가치를 위해 반드시 선행되어야 하는 것이 평등이지만 습관처럼 뿌리 깊게 이들의 삶 속에 흡수되어 있는 이런 계급적 분류는 세계 최대의 민주주의 국가라는 수식어를 가지고 있는 인도를 무색하게 만들지 않나 싶다. 어떻게 보면 약간의 이면성, 이것도 인도가 아닐까?

신의 아들, 그들은 누구인가?

서울과 비슷한 면적에 인구 1,500만 명이 넘는 인도 제1의 경제도시이자 최대 도시 뭄바이는 인도경제를 움직이는 엔진과도 같은 곳이다.

인도문Gateway of India 앞에 웅장하게 위용을 자랑하고 있는 타지마할 호텔만 보아도 인도의 힘을 느낄 수 있다. 복잡한 거리에 넘쳐나는 사람들과 경적을 울리며 지나가는 자동차들은 빠르게 변화하는 인도를 상징하는 것 같다.

하지만 뭄바이에 도착하자마자 내가 제일 먼저 가본 곳은 그 유명한 인도문도 아니고 타지마할 호텔도 아니었다. 그렇다고 세계문화유산인 코끼리섬은 더더욱 아니었다.

뭄바이에 도착해 가장 먼저 가본 곳은 바로 도비가트Dhobi Ghat라는 빨래터였다. 이제는 가이드북에도 나올 만큼 유명해졌는데 수백, 수천 명이 서로 분업하여 하루 종일 엄청난 양의 빨래를 하는 세계 최

세계 최대의 빨래터
도비가트

대 규모의 빨래터다. 뭄바이 시내의 모든 빨래들은 다 가지고 와 이곳에서 세탁을 하나 싶을 정도로 그 규모가 엄청나다.

가만히 그곳을 지켜보고 있으면 어떤 사람은 계속 하늘에서 땅으로 빨래만 내려치고, 어떤 이들은 밟기만 하고 또 어떤 이들은 빨래를 짜기만 한다. 순서대로 분업화되어 마치 기계처럼 자기가 맡은 일만 쉼 없이 반복하는 것이다.

이들은 아침에 눈을 떠서 잠자리에 들 때까지, 태

어나면서부터 죽을 때까지 빨래만 한다. 그들의 삶에서 자신이 선택할 수 있는 것은 아무것도 없었다. 이들은 이렇게 평생 빨래만 해야 되는 도비Dhobi라는 불가촉不可觸천민이기 때문이다.

 불가촉천민은 인도사회에서 가장 지저분한 일만 하면서 산다. 도비들처럼 더럽고 오염된 옷들을 빨고, 오염된 쓰레기들을 치우거나 가축을 도살하는 일 또는 죽은 시체를 처리하는 일 등 인간이 혐오하거나 더럽다고 생각하는 일들을 하는 것이다. 이들은 학교에 갈 수도 없고 책을 볼 수도, 상위 카스트들과 밥을 먹을 수도 없다.

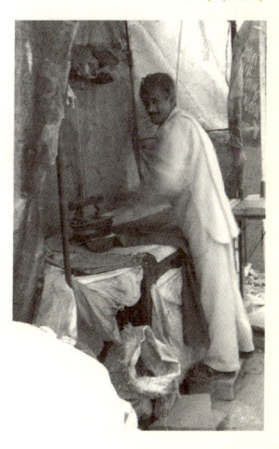

도시의 도비

 인도는 카스트라는 계급으로 이루어진 사회다. 그중 제일 하위 계층인 수드라 계급이 인도에서 제일 핍박을 받고 험한 일을 한다. 주로 노예같이 일을 하거나 쓰레기를 치우며 살고 있다.

하지만 그 수드라 계급보다도 훨씬, 아니 그들이 기르는 동물보다도 더 하찮게 여겨지는 사람들이 있으니 그들이 바로 불가촉천민이다.

그들은 인도사회에서 개, 돼지만도 못한 취급을 받고 사회의 어두운 뒷골목에서 그들끼리 존재의 가치라는 건 무엇인지도 모른 채 본능적으로만 살아가고 있다.

카스트에도 들지 못하는 이들은 말 그대로 그들과 접촉만 해도 더러워지고 오염된다는 불가촉不可觸천민이다. 불가촉천민은 힌두인 아닌 힌두인이며 사원에 들어갈 수도 없다. 그들의 자식들은 또 다시 불가촉천민이 되고 부모가 해온 오염된 일들을 해야만 한다.

이것이 그들이 인도사회에 있는 한 벗을 수 없는 운명이다. 이렇게 신들로부터 버림받은 이들이 인도 전체 인구의 20%가 넘는 2억 명 이상 된다고 한다.

불가촉천민의 기원은 역사 속에서 쉽게 찾을 수 없다. 아리아인의 침입 후 정착을 하면서 카스트 계급 사회를 만들었고 그 계급에도 들어가지 못하는 미개인들이 불가촉천민이었을 것이며 드라비다인 Dravidian계 원주민들이 불가촉천민의 시조였을 것이라는 추측 정도다.

기원전 인도 고대국가가 생겼을 무렵부터 현대에 이르기까지 오랜 시간동안 불가촉천민은 인도 계급사회의 한 구성원으로서 다른 계급으로부터 핍박과 사회의 냉대 속에 사람 아닌 사람으로 지금까지 이어져온 것이다.

인도의 성인이라 불리는 마하트마 간디는 그들을 하리잔(Harijan, 신의 아들)이라 부르며 그들의 지위향상과 피착취 계급에서의 해방에 힘 썼으며, 불가촉천민 가족을 받아들이고 심지어는 불가촉천민 가족의 딸을 양녀로 삼기도 하였다. 간디는 적극적으로 그들에 대한 불평등과 착취를 중지할 것을 전국을 돌며 호소했다.

불가촉천민의 자식으로 태어나 인도독립 후 초대 법무장관까지 오르며 인도역사에서 간디만큼이나 한 획을 그었던 인물이 있었는데 그가 바로 암베드카르Bhimrao Ramji Ambedkar박사였다.

그는 지금까지도 불가촉천민의 아버지이자 우상으로 불리고 있을 만큼 불가촉천민의 지위향상과 카스트폐지운동에 일생을 바쳤다. 그는 그를 따르던 수십만 명의 추종자와 함께 카스트가 없고, 평등을 기본이념으로 하는 불교로 개종하면서까지 카스트와 끝까지 싸우다 세상을 떠났다.

그가 세상을 떠난 지 50년이 지났지만 아직도 인도에서는 그가 부르짖던 천민들을 위한 계급의 철폐는 이루어지지 않았다. 그들은 제2의 암베드카르가 나오길 기다리고 소망하며 사회의 냉대와 핍박 속에 오늘도 어두운 변두리를 배회하며 힘든 삶을 살고 있다.

인도정부 또한 해방 후 1950년대 중반 불가촉천민에 대한 특별법을 제정하고 그들에 대한 차별을 법으로 금지하고 있다. 대학 입학이나 공공기관의 취업 등에 불가촉천민을 위한 일정 쿼터를 주어 그들을 수용하고 사회에서 소외되지 않게 노력했다. 그리하여 그들에게 붙여진 또 하나의 이름이 지정카스트Scheduled Castes였다.

하지만 이런 정부의 노력은 또 하나의 문제를 낳게 되었는데 그것은 정부의 노력이 또 다른 역차별을 낳는다는 것이었다.

2006년 초 델리에서 인도 의과 대학생들의 과격

시위가 있었는데 불가촉천민들에 대한 쿼터를 늘리려는 정부의 시도에 대한 반대 시위였다. 인구의 상당부분을 차지하는 그들을 정치적으로 이용하여 표를 끌어 모으려는 수단이라고 비난하며 의과 대학생들이 대규모 과격 시위를 벌였다.

이렇게 불가촉천민에 의한 타 계급 집단의 역차별 문제 또한 인도사회가 간과할 수 없는 사회적 문제였던 것이다.

브릭스, 친디아, IT 소프트웨어 강국, 21세기 신흥 경제대국 등은 인도를 세계의 중심으로 치켜세우고 있는 수식어들이다.

하지만 이러한 카스트 계급사회, 불가촉천민의 문제가 이들의 삶 속에서 사라지지 않는 한 빈부 격차와 사회 불평등은 인도사회에서 치료할 수 없는 사회문제로 남을 것이며, 아직도 가난한 나라, 거리에 거지가 가득한 나라라는 부정적인 이미지는 영원히 풀리지 않는 숙제로 남을 것이다.

여자라는 이유만으로 슬픈 나라

동네가 떠나갈 것 같은 북소리와 나팔소리, 번쩍거리는 불빛들과 마차 행렬은 인도에 살거나 혹은 인도여행 중에 꼭 한 번은 보게 되는 인도의 결혼식 모습이다.

인도의 결혼식은 내가 결혼한다는 걸 동네방네 알리기라도 하듯 화려하면서 소란스럽다. 이렇게 며칠 동안 열리는 인도인들의 결혼식은 화려함과 축복 속에서 치러지지만 그 뒤에 숨겨져 있는 어두운 부분을 아는 이방인은 그리 많지 않을 것이다.

인도에 살면서 신문을 읽다보면 잊을 만하면 나오는 기사가 시집 온 아내가 남편과 시부모에게 시달려 자살을 하거나 또는 그들로 인해 숨지는 일이다. 왜 그들은 축복 속에 결혼한 후, 얼마 지나지 않아 그렇게 죽을 수 밖에 없는 것일까?

21세기가 시작된 지금도 인도의 결혼은 대부분

중매로 이루어진다. 물론 도시에서는 연애 결혼도 있지만 대부분의 인도 젊은이들, 특히 도시에서 멀어지면 멀어질수록 중매를 통해 백년가약을 맺는 확률이 높아진다.

우리 할아버지, 할머니 시대에나 들어 봤을 법한 얘기인데, 인도에서는 서로 얼굴 한 번 못 보고 중매나 부모의 약속에 의해 결혼을 하는 일이 그리 낯설지 않다. 그러다 보니 결혼하는 신랑 신부가 서로에 대해 얼마나 알고 얼마나 사랑을 해서 결혼하는 것인가 라는 의구심마저 들게 된다.

결혼과 관련해 인도사회에는 '다우리Dowry'라 불리는 제도가 있다. 신부가 결혼을 하면서 신랑과 그 식구들에게 건네는 일종의 지참금과 혼수 같은 것을 말한다. 이 다우리에 대한 신랑 집안의 만족과 불만족의 차이에 의해 결혼하는 신부의 평생 운명이 좌지우지 된다고 해도 과언이 아니다.

이런 제도로 인해 딸을 가진 집안의 아버지는 엄청난 경제적 짐을 얻게 되고 아버지가 없다면 그녀의 오빠가 그 짐을 지고 살아가야 한다. 결혼할 때만이 아닌 결혼 후에도 몇 번에 걸쳐 지참금과 혼수를 보내야 한다고 하니 딸 가진 것이 죄가 될 수밖에 없

는 나라다.

신부가 제대로 된 혼수와 지참금을 해오지 못해 남편이 집을 나가는 일은 더 이상 화젯거리도 아니다. 고작 소 몇 마리와 오토바이 또는 가전제품 몇 개 때문에 이런 일이 벌어진다고 하니 우리의 입장에선 참으로 이해하기 힘든 부분이다.

시간이 지나 선진·개방화의 물결이 진행됨에 따라 이런 폐단은 점점 줄어들 것도 같은데 매년 다우리로 인한 사망사고가 해마다 증가하고 있다고 한다. 결혼이 하나의 재산증가의 수단으로 잘못 인식되어 있는 것이다.

이로 인해 딸의 출산을 기피하는 현상이 일어나고 출산 전 성감별 후 유산을 하는 경우가 많다고 한다. 또한 일부 하위계층들은 딸을 단돈 몇 십 루피, 우리 돈 몇 백 원을 주고 팔기도 한다는데 이런 이유

인도의 결혼식 모습

로 결국 인도사회에 남녀성비의 불균형이 갈수록 심해지고 있다.

2년 전쯤 한 할머니가 남편을 화장하는 불길 속으로 뛰어 들어 목숨을 끊은 일이 있었다. 말로만 들어왔던 이런 일이 아직도 인도에서 일어난다는 것에 놀라지 않을 수 없었다.

인도에서 '사띠sati'로 불리는 이 관행은 여성이 죽은 남편에 대한 정조와 헌신을 보여주는 힌두교 전통에 따른 대표적 악습이며, 법으로 금지하고 있지만 최근까지도 완전히 근절되지 않고 있다.

1987년, 20살도 안된 어린신부가 사띠의 희생자가 돼 사회적으로 많은 논란이 있었다. 힌두사회에서는 사띠를 행하는 여성은 다시 여신으로 태어나게 되며 그로인해 그녀의 가족들은 물론 마을까지도 부와 명예를 얻는다고 생각하고 있다.

그래서인지 그렇게 희생당하는 딸을 보고도 그 가족들은 오히려 영광으로 생각하고 사띠를 권한다고 하니 놀라지 않을 수 없다.

사띠Sati라는 언어의 기원은 힌두 신화에서 유래되었다고 한다. 힌두에서 가장 중요한 3대 신 중 하나인 시바신과 결혼할 운명으로 태어난 여자가 바로 사티였는데, 그녀가 시바와 결혼하는 날 그녀의 아버지가 시바를 모욕하는 말에 화가나 불 속으로 뛰어들어 자살한 것에서 유래되었다고 한다.

조금은 이해되지 않는 부분이라고 생각될 수 있으나 힌두사회에서는 이 신화와 사띠를 연결시켜 남편이 죽으면 같이 불에 뛰어들어 스스로 목숨을 끊는 여자를 가문의 영광으로 생각하는 것이다.

다우리와 사띠 등 여자이기 때문에 감수하고 이겨내야 할 고난과 역경들이 인도에는 너무나 많다. 여자로 태어났다는 이유만으로 그녀와 가족들에겐 불행의 시작이고 경제적인 부담인 것이다. 힌두사회에서 아직도 여자는 제일 하위계급과 같은 계급으로 남자의 부속물로 여겨지는 것이 현실이다.

미니스커트를 입고 커리어 우먼으로 남자들과 당당하게 경쟁하고 있는 도시여성들과는 대조적으로 아직도 이런 악습들이 인도 여권신장을 저해하는 장애물로 뿌리 깊게 남아 있다.

전 세계적으로 여권신장이 날로 이슈화되는 상황에서 여성 장관, 여성 대통령까지 있는 인도에 언제까지 이런 고통들로 인해 아파하며 눈물 흘려야 할지 여자이면서 대통령까지 오른 프라티바 파틸 Pratibha Devisingh Patil 현 인도 대통령에게 묻고 싶다.

남성도 여성도 아닌, 중성의 사람들

한낮이라 인도인들과 대화를 나누거나 책을 보는 것 외에는 딱히 할 일이 없었다. 그날도 난 기차 안에서 지루함을 달래느라 힘겨운 시간을 보내고 있었다.

그렇게 시간을 보내고 있을 때 좁은 기차 통로를 인도사리(Sari, 인도를 비롯한 서남아시아 여성의 전통의상)를 입은 3~4명 정도의 여자들이 무리를 지어 지나다니는 걸 보았다.

그들은 곧 내가 있는 쪽으로 다가와 손을 내밀었고 주위사람들은 각자의 주머니에서 10루피 정도의 돈을 꺼내어 그들에게 건네주었다. 그리고 나에게도 손을 내밀었는데 나는 그때까지 상황이 어떻게 돌아가는지 알 수가 없어 그들을 무시해 버렸다. 사지 멀쩡한 사람들이 깡패도 아니고 왜 돈을 뜯으러 다니나 싶어 다른 인도인들처럼 돈 주는 것을 끝까지 거부했다.

그들은 집요하게 나에게 계속 손을 내밀었고 나는 서서히 짜증이 몰려오기 시작했다. 그 모습을 보다 못한 내 옆의 아저씨가 그들에게 무어라 말을 하더니 자기 주머니에서 10루피를 꺼내 그들에게 주었고 그들은 곧 사라졌다.

그때 그들의 외모가 좀 어설프다는 생각이 들어 유심히 보았더니 그들이 여자가 아닌 남자라는 것을 알아 챌 수 있었다. 목젖도 나와 있었고, 면도한 흔적까지 보였다. 성전환자들인가? 근데 왜 사람들한테 돈을 구걸하고 다니는 걸까?

대신 돈을 건넨 아저씨는 나에게 저들과 절대로 어떠한 문제도, 싸움도 만들지 말고 그냥 돈을 달라면 주라고 했다. 만약에 그들과 싸움이 붙어 경찰이 온다 해도 누가 잘못을 했건 경찰들도 그들의 편에 선다는 말을 하며 고개를 설레설레 흔들었다. 그럼 저들은 무슨 갱이나 마피아 집단이란 말인가?

'히즈라hijra.'

인도인들은 그들을 이렇게 부른다. 여장을 하고 여성처럼 행동을 하고 다니는 남성들을 일컫는다. 히즈라는 남성으로 태어났지만 거세를 하고 여성의 행동을 하며 생활하는 이들로, 힌두사회에서는 양성의 성을 가진 힌두의 신으로 생각되어지는 존재라고 한다. 한마디로 살아 있는 신인 것이다.

이들은 성 전환자처럼 여성생식기를 이식하지도 않고, 여성호르몬을 주입해 가슴이 나오지도 않는다. 그들은 브라를 입긴 해도 그 속에 수건이나 천을 넣어 여자처럼 보이게만 하고 여자 목소리를 흉내 내며 여자와 비슷한 행동을 하고 다니는 것이다.

이들은 히즈라가 되기 전 거세를 하는데 병원에서 위생적인 방법이 아닌 그저 동물의 거세 방법과 별 다를 것 없이 수술 아닌 말 그대로 거세를 한다고 한다. 그러다 보니 과다출혈로 숨지는 경우도 있다고 하는데 그건 그들의 운명일 뿐이지 누굴 탓할 수 없는 일이라고 한다.

히즈라가 되면 그들끼리 집단을 이루어 살아가는데, 이들이 행하는 일들 중 제일 중요한 일의 하나가 바로 아들이 태어난 집을 찾아가 축하 공연을 하는 것이다.

축하공연을 하고 그 대가로 돈을 받는데 이들에게 돈을 많이 주면 줄수록 그 금액에 따라 축복의 정도가 결정된다고 믿고 있다. 돈을 많이 주어 그들이

만족하면 그 집안은 축복을 받게 되고 그렇지 못하여 그들의 원성을 산다면 그 집엔 저주가 내릴 거라고 믿고 있다.

그들은 영역별로 무리지어 다니며 자기가 맡은 구역에 아들이 태어난 집과 임신한 산모가 있는 집, 곧 결혼식이 있을 집 등을 알아내 춤과 노래를 불러주고 돈을 받는다. 또한 새로 이사 온 사람들에게 가서 돈을 받는 것도 그들의 수입원이다.

하지만 신으로서의 영역에서 그들의 삶은 그나마 나은 것이다. 현재 대부분의 히즈라들은 매춘과 구걸 등으로 사회에서 소외 받고 있으며 신이 아닌 경멸의 대상이 되어 가고 있다.

힌두가 아닌 기독교인 인도친구와 릭샤를 타고 있었는데 신호에 걸려 멈춰 있었다. 그때 히즈라들이 우릴 보고 오더니 여느 때와 마찬가지로 손을 내밀었다. 나는 그냥 무시하며 자꾸 나를 툭툭 건드리면서 돈을 달라는 그들에게 인상을 찌푸리고 있었다.

친구는 10루피 한 장을 그들에게 건네며 그들의 눈도 보지 말고 움직이지도 말라고 나에게 말했다. 힌두가 아니어도 인도에 산다는 이유 하나만으로 그 친구도 히즈라를 경계하고 있었던 것이다.

기차여행을 하면서 만났던 것처럼 길거리에서 릭샤에 탄 승객들이나 멈춘 자동차 앞에서 손을 내밀면서 돈을 구걸하며 깡패에 가깝게 돈을 뜯어내고 있는 것이다.

그들은 생계를 이어나가기 위해 매춘까지 한다고 했다. 그로인해 에이즈 등의 전염병이 날로 심각해지는 인도에 또 다른 사회문제를 야기시키고 있다.

서구화 · 개방화 물결로 점점 변화하는 인도사회에서 더 이상 방관 할 수 없게 된 존재, 히즈라.

그들의 삶이 언제까지 인도에서 정당화되고 관용아닌 관용으로 넘어가게 될지 또한 인도사회가 고민해야 할 문제로 남아 있다.

과거와 현재의 공존, 인도의 농촌과 도시

차 안의 에어컨을 최대한 틀어도 시원하지 않았던 5월 말의 어느 날. 뿌연 먼지를 헤치며 달리는 택시 앞자리에 앉아 있었다.

아르바이트로 여행을 온 중년 부부의 여행 가이드를 하고 있었는데, 델리에서 출발해 아그라와 자이푸르를 거쳐 다시 델리로 돌아오던 중이었다. 여행이 끝나갈 무렵이어서인지 노부부는 물론 나도 많이 지쳐 있었다.

그러다 문득 그분들께 인도에서 기억에 남는 일을 만들어 주고 싶어 관광이 아닌 인도 그대로의 모습을 보겠냐는 제안을 했고, 그분들은 선뜻 제안을 받아 들였다. 그래서 버스도 서지 않을 듯한 작은 마을에 차를 세워 그분들을 모시고 마을 안으로 들어갔다.

마을주민이 50명도 안될 것 같은 아주 작은 집 몇 채와 농사를 지을 수 있는 드넓은 땅 말고는 눈에 띄는 것이 아무것도 없었다. 한 집으로 들어가 그곳에 사는 사람들을 만나 보았다. 의사소통이 잘 안될 것을 염려해 택시기사를 동행해 그 집을 방문했는데 그 기사가 말이 잘 안 통할 때는 원활하게 의사소통을 해줘 그들과 금방 가까워 질 수 있었다.

그 집은 우리나라 사극에서나 볼 수 있을 것 같은 흙으로 만든 집이었다. 집을 지은 지 얼마나 되었냐고 물어보았더니 50년이 넘었다고 했다. 그들은 말로만 듣던 소똥을 연료로 밥을 짓고 있었다.

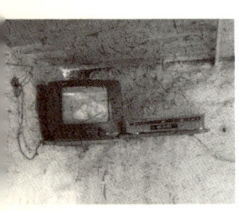
시골집의 벽에 걸린 TV

방 안엔 돗자리가 몇 개 깔려 있었고, 옷을 넣을 수 있을 만한 상자가 전부였다. 그래도 TV가 있다는 것이 신기할 뿐이었다. 안테나로 자전거 바퀴의 휠을 긴 쇠붙이에 붙여서 연결한 것을 지붕 위에 올려놓았다.

시골집 지붕 안테나

방은 2개밖에 없었는데 가족은 10명도 넘게 살고 있는 것 같았다. 할머니, 할아버지

인도농촌 사람들

를 포함해 엄마, 아빠 그리고 아이들에 삼촌, 이모 등의 젊은 어른들까지 10명은 족히 넘어 보였다.

빈손으로 온 것이 미안해 동네에 있는 유일한 가게에 갔더니 먹을 것이라곤 1~2루피 비스킷과 콜라 정도였다. 그래도 그거라도 있는 것이 다행인 듯 싶어 한 움큼 사와 아이들에게 주었다. 그들은 우리가 멀리에서 온 외계인인 것처럼 쳐다보며 웃고 있었다.

이런 인도의 시골모습을 알고 있었던 나에겐 그리 놀라운 일이 아니었지만 인도에 처음 와본 노부부는 6·25전쟁이 끝나고 정말 못 살았던 그때 우리 모습 같다며 '이 정도까지는 아닌 줄 알았는데'라는 말만 계속 반복했다.

이런 모습이 인도 전체인구의 70%를 차지하는 농촌의 전형적인 모습이다. 그래도 그 집은 TV라도 있었으니 어느 정도 문화생활을 하는 중상위층에 속하는 사람들인 것 같았다.

인도농촌의 모습은 이렇게 문명과 동 떨어진 생활을 하는 곳이 대부분이다. 심지어 어떤 곳은 하루에 전기가 몇 시간밖에 안 들어오는 곳도 많다고 한다. 이렇게 인도의 농촌은 옛날 그대로 변하지 않고 정체되어 있는 듯한 모습이다.

우리나라 백화점과 같은 쇼핑몰 안은 사람들로 북적거렸다. 유명브랜드 옷을 파는 상점, 세련된 커피숍과 레스토랑 어느 곳을 둘러보아도 우리나라와 별반 다를 곳 없는 그곳은 델리 주변에 있는 구르가온Gurgaon이라는 신도시였다. 신흥 부촌이라고 알려져 있는 그곳은 최근에만 집값이 몇 십 배가 올랐을 정도로 사람들이 몰리는 곳이다.

그도 그럴 것이 현대식 시설을 갖춘 아파트와 쇼핑몰은 빠르게 변화하는 인도인들의 서구화 물결에 대한 갈망을 충족시키기 위한 조건으로 충분해 보였다. 쇼핑몰 주차장 입구는 항상 차들로 붐비고 어

인도도시의 고급상점

수선한 모습이었다.

도시의 젊은이들은 더 이상 인도전통 펀자비 드레스가 아닌 리바이스 청바지와 나이키 운동화를 신고 저녁땐 근사한 레스토랑에서 저녁을 먹고 우리나라의 클럽과 같은 곳에서 춤을 추며 술을 마신다. 이처럼 인도의 도시는 빠르게 변하고 있는 중이다.

대부분의 도시 사람들이 이제 삼성과 노키아 휴대폰을 가지고 다니며 젊은이들은 인터넷을 통해 정보를 주고받고 애플의 아이팟으로 음악을 듣고 대형 멀티플렉스 영화관에서 할리우드 영화를 즐긴다. 중산층의 증가와 도시로의 인구유입에 따른 마이카 붐 또한 급격히 증가하는 모습이다.

하지만 이렇게 빠른 변화는 많은 사회문제를 초

래하기도 하는데 대도시의 인구집중으로 인한 빈부 격차 및 전력, 수도, 교통난 등의 문제들은 더 이상 간과할 수 없게 된 정부의 골칫거리가 되었다.

인구 1,000만을 훨씬 넘는 델리지만 이상하게도 서울과는 다르게 아파트들이 많지 않다. 델리뿐 아니라 인도의 집들은 대부분 정원이 있는 3층 이하의 단독주택들로 구성된 경우가 많다. 인구가 그렇게 많은 대도시인데도 불구하고 그런 것은 그만큼 노숙자같이 집 없는 이들과 무허가 빈민촌에 사는 인구 비율이 높아서 이지 않을까 생각해본다.

인도의 농촌과 도시는 이렇게 전혀 다른 나라의 모습처럼 비쳐진다. 뿐만 아니라 같은 도시에서도 소유층과 비소유층이 너무나도 다른 모습으로 살아가고 있었다. 한 쪽에서는 쓰레기를 줍고 소똥을 말리고 있었지만 다른 한 쪽에서는 여기저기에 돈을 쓰느라 바쁜 모습이었다.

이제는 카스트가 아닌 부富를 기준으로 하는 새로운 계급체계가 인도사회에 정착되면서 새로운 신新계급제도를 만들고 있는 것이 아닌가 생각한다.

인도의 말 말 말, 말 많은 나라

여러 번 계속 쳐다보아도 한국사람은 아닌 것 같았고 그렇다고 인도사람은 더더욱 아닌 것 같은 여학생이 교실에 앉아 있었다. 다른 친구들과 힌디로 얘기하는 것을 보니 인도사람 같은데 아무리 보아도 피부색이 인도사람 같진 않았다. 결국 수업이 끝난 후 말을 걸어보니 그녀는 인도인인 킴이라는 이름의 친구였다.

킴은 부모님 고향이 마니푸르Manipur라고 했는데 자기는 그곳에 한 번도 가보질 못했고, 태어날 때부터 델리에서 살았다고 했다. 마니푸르는 인도 동북부에 있는 주State 이름으로 방글라데시 동쪽으로 미얀마와 국경을 맞닿고 있는 지역인데 델리에선 상당히 먼 곳이며 외국인은 허가 없이 들어갈 수도 없는 지역이었다.

차로 유명한 아쌈Assam을 비롯한 마니푸르, 미조람Mizoram, 나갈랜드Nagaland 모두 그쪽 지방의 주

State인데 그곳 사람들은 미얀마나 태국계통의 피부색을 가지고 있으며 종교는 대부분 기독교다.

그 친구는 나와 얘기할 때나 수업을 할 때는 영어로 의사소통을 했고, 다른 인도인 친구들과는 힌디어로 대화를 나누며, 집에서는 부모님의 언어인 마니뿌르어로 대화를 한다고 했다. 3가지 언어를 하면서 일상생활을 하고 있는 것이었다. 나에겐 참 신기한 모습이 인도에서는 아무렇지도 않게 여겨지는 일이었다.

인도에는 언어가 너무 다양해 지역별로 서로 알아듣지 못하는 언어를 쓰는 경우가 많아 킴과 같이 타 지역으로 이주해 오는 사람들이거나 꼭 그렇지 않다고 해도 기본 3개 이상의 언어를 구사하며 생활하는 사람들이 대부분이다.

그렇다면 인도에는 얼마나 많은 언어들이 있는 것일까? 인도헌법에 명시된 언어만도 힌디어를 비롯해 18개 언어가 있다.

인도언어가 얼마나 많은지 쉽게 확인 할 수 있는 방법으로 인도지폐에 표기된 언어만 보아도 알 수 있다. 인도의 공용어인 힌디어를 비롯해 보조공용어인 영어와 그밖에 15개의 언어로 지폐를 표기하고 있다.

하지만 이 정도로 끝나지 않는다. 헌법에 명시되어 있지 않은 지방언어와 방언들을 합치면 그 수는 1,000개를 훌쩍 넘는다고 한다. 방대한 영토와 다민족 국가이다 보니 언어만도 이렇게 많다는 걸 알 수 있다.

이 중에서도 공용어인 힌디는 인도 전체인구의 40% 가량이 국어로 사용하고 있고, 힌디어를 알아듣고 이해할 수 있는 사람이 인구의 80%에 이를 만큼 힌디어가 절대적인 위치에 있다.

이 밖에 다른 언어들은 많게는 10%, 적게는 1%도 안 되는 비율을 가지고 있다고 하니 힌디가 공용어로 쓰인다 하더라도 별 무리가 없어 보이지만 항상 이 부분이 인도에서는 문제기 되고 있다.

15개 언어로 표시된 화폐

Ⅳ 복잡하고 다양한 사회와 문화 **173**

언어가 다르다 보니 문화도 다르고 서로 융합하지 못하는 결과를 초래하게 된 것이다. 그래서 사무실이나 학교에서는 영어를 공용어로 쓰며 이런 문제를 해결하려고 노력하고 있다.

남부 지방에서는 힌디 간판을 없애면서 힌디에 대한 강한 부정으로 자신들의 독립을 요구한 적도 있었고, 영국 식민지 시절에는 영국인들이 이렇게 다른 언어와 문화를 적극 활용해 인도인들이 단합하지 못하는 것을 부추겨 분열을 꾀하기도 했다고 한다.

이렇게 지역 간 서로 다른 언어들은 종교의 대립과 함께 인도를 융합하는 데 항상 걸림돌로 작용해 왔으며 지금도 분리를 주장하는 많은 지역에서 언어문제를 큰 정치적 이슈로 다루기도 한다. 인도는 다른 모든 것과 같이 말 또한 복잡한 나라다.

인도의 공용어, 영어가 경쟁력이다

둔탁한 발음과 된소리. 인도인들이 쓰는 영어를 처음 접한다면 심한 거부감마저 들 정도로 이게 영어인지 그들의 모국어인지 혼란 스러울 수도 있다. 하지만 이들의 영어실력은 비영어권 국가 중에서는 최상위권에 속할 정도로 다른 국가에 뒤지지 않는다.

200년 가까이 영국의 직간접 지배를 받았던 인도는 속된말로 영국에 빼앗길 수 있는 건 다 **빼앗겼을** 만큼 경제적 수탈을 당하며 아시아 제1의 부국에서 제1의 빈곤으로 전락했다. 그런 와중에도 영국에게 받은 것이 있다고 하면 전국을 연결해 놓은 철도, 그리고 영어다.

영국의 긴 식민지 지배로 이들의 언어에 자연스럽게 영어가 스며들게 된 것이다. 우리나라가 일본 식민 시절을 겪은 후 많은 일본 단어들이 우리 문화에 스며들었고 그 시대를 겪은 노인들이 아직도 일본어를 아는 것과 비슷한 상황이라고 할 수 있는데, 우리는 불과 36년인데 비해 인도는 자그마치 200년이나 되었으니 그 영향이 훨씬 더했다. 또한 다민족 다문화에 수없이 많은 언어들 때문에 일어나는 마찰 등으로 자연스럽게 영어는 그들에게 공용어로 자리매김 되었다.

인도도시의 학교들은 어렸을 때부터 영어로 수업을 한다. 초등학교 때부터 습관적으로 영어를 사용하다보니 영어실력이 자연스럽게 몸에 배게 된다. 길거리를 지나며 부모와 어린 아이들이 영어로 대화를 나누는 것을 흔히 볼 수 있다. 물론 주로 중산층 이상의 경제적인 혜택이 뒷받침 된다는 전제 하에서다.

또한 인도사람들은 자신이 영어를 사용한다는 것을 매우 자랑스럽게 생각한다. 힌디가 모국어인 사람들의 대화에서도 그들은 힌디가 아닌 영어로 서로 대화를 한다. 특히 사무실이나 학교에선 그런 모습을 쉽게 볼 수 있다.

한국말을 서로 할 줄 아는데도 만약 누가 그렇게 영어로 대화를 하고 있다면, 분명 잘난 척 한다는 소리부터 들을 걱정을 해야 되는 우리나라에선 상상하기 힘든 상황이 인도에서는 아무렇지 않게 생각되어진다.

오토릭샤를 타고 이동하는 중이었다. 서툴지만 힌디로 얘기하는 것이 재미있고 빨리 힌디를 익히고 싶은 마음에 나는 인도인만 보면 모르는 힌디어를 이것저것 쏟아 냈는데 이 릭샤 기사도 예외가 될 수 없었다.

그런데 그 릭샤 기사는 내 힌디를 알아듣고도 대답은 영어로 하는 것이었다. 그러면서 나에게 자기는 대학까지 나왔다며 영어로 대화하기를 원한다고 정중히 부탁했다.

이렇게 인도인들은 자신이 영어를 사용하는 것에 대한 자부심과 자신이 영어를 쓰면 자신의 지위나 계급이 올라간다고 생각하고 있는 것처럼 보였다. 인도에서 영어를 사용함으로 인해 그가 어느 정도의 교육을 받았고, 어떤 도시에서 교육을 받았는지 알 수도 있다고 한다.

인도에서 영어를 완벽하게 사용하는 인구는 전체 인구의 5% 정도라고 한다. 워낙에 인구가 많다보니 5%만 되어도 우리나라 인구보다 많은 숫자가 되어

버린다. 하지만 이 5% 안에 들지 못한다고 영어를 못하는 것은 아니다.

어느 정도의 자기표현을 영어로 할 수 있는 사람들은 그보다 월등히 많다. 그때 내가 만난 릭샤 기사나 웬만한 식료품이나 마트 주인들도 자신들에게 필요한 영어는 다 할 수 있다. 심지어는 인력거 과일장사를 하는 사람들도 간단한 영어를 할 수 있다는 것에 놀라지 않을 수 없다.

인도가 보유한 영어의 힘은 엄청난 국가경쟁력으로 작용한다. 미국의 콜센터가 인도에 자리를 잡을 수 있는 것과 수많은 영어권 다국적 기업체들이 인도에 지사를 두고 본부를 두는 것도 이런 영어의 힘이 없었다면 불가능 했을 것이다.

세계 경제의 하나의 핵으로 불려지면서 인도경제가 주목받을 수 있는 이유 중의 하나도, 중국을 추월할 날이 멀지 않았다는 조심스러운 예측과 기사들의 바탕에도 이런 영여실력이 뒷받침되었기 때문이 아닐까?

소가 신성시되는 나라?

　　인도에서 처음으로 기차를 타는 날이었다. 워낙에 먼 거리를 가다보니 기차 안에서 과일이든 밥이든 이것저것 먹게 되었는데 먹다 남은 음식물이나 쓰레기들을 아무렇지 않게 창밖으로 던져 버리는 인도인들을 보게 되었다.

　　그런 모습을 보고 처음엔 '그러니 길거리가 그렇게 더럽지'라고 생각했는데 나중에 물었더니 소들에게 먹이를 주는 것이라고 한다. 먹다 남은 과일 껍질, 짜파티와 밥, 심지어 신문이나 일반 쓰레기까지도 창문 밖으로 던져 버렸다. 그들의 말에 의하면 소들이 전부 먹으니 걱정할 필요가 없다는 것이다.

　　그후 몇 년이 지나 어떤 신문기사를 읽었는데, 배고픈 인도 가족들이 길거리에서 잡은 비둘기를 먹고 전부 사망했다는 내용이었다. 병들은 비둘기를 잡아 먹은 것일까? 참 황당한 일이 아닐 수 없었.

인도에는 이처럼 배고파 굶주리는 사람들이 많고 그로인해 아사餓死하는 일도 자주 일어난다.

그럼에도 불구하고 소들은 거리를 활보하며 사람보다 나은 생활을 하고 있는 것 같아 보였는데 '저런 소들을 잡아서 굶주린 사람들한테 나누어 주면 안 될까' 라는 생각을 해 본 적도 있었다. 굶어 죽어가는 사람들이 길거리에 천지인데 왜 저렇게 소들을 방치하는지 항상 의문이었다.

거리의 소들

하지만 인도헌법에 소를 보호하는 법 조항이 있다는 것을 알게 되고 더 이상 그런 의문을 갖지 않았다.

인도는 세계에서 가장 소가 많은 나라임에도 불구하고 소의 도살을 금지하고 보호한다는 법이 있다. 인도에선 배고파 죽어가는 사람들보다 소가 더 중요하다는 건가라는 의문이 생겼던 적도 있었다.

그렇다면 도대체 인도에서 소는 어떠한 존재일까?

인도는 예로부터 농경사회였고, 소는 농경사회에서 꼭 필요한 노동 수단이었다. 그들에게 풍요를 가져다주는 농업에서 소의 영향력은, 특히 기계화되지 않은 예전에는 지금보다 더 절대적인 존재였던 것이다.

이뿐만이 아니다. 암소는 인도인들에게 다섯 가지 성물을 주어 신성시 여겨지는 동물이라고 하는데 우유, 버터, 요구르트, 소똥, 소 오줌이 바로 그것이다.

말린 소똥

우유, 버터, 요구르트 등은 먹는 것이어서 우리가 쉽게 이해할 수 있지만 '소의 배설물인 똥과 오줌은 어디에 쓰는 것일까' 하는 의문이 생길 수 있다. 우선 소똥은 과거에는 물론 현재까지도 취사용 연료로 사용되고 있는데 시골은 물론이거니와 도시에서도 소똥을 말려 늘어놓은 모습을 쉽게 볼 수 있다.

시골에선 여자들이 우기 이후 주로 하는 일 중 하

나가 소똥을 말리는 일이다. 우선 소똥을 모아 반죽을 한 다음 납작하게 빈대떡처럼 펼쳐서 그걸 볕이 좋은 곳에 올려놓으면 딱딱하게 굳어 냄새가 전혀 나지 않는다고 한다.

이렇게 말린 소똥을 집에 가져가 취사용으로 쓰기도 하고, 장에 내다 팔기도 한다. 소똥이 장에서 거래가 될 정도이니 그 쓰임새만큼은 인정해 줘야 될 것 같다. 또한 소똥과 오줌을 집안에 바르기도 하는데 그렇게 하면 집안에 부정이 들어오는 것을 막을 수 있다고 한다.

이런 이유로 인도에서는 소가 없어서도 안 되고 도살되어서는 더더욱 안 되는 천연보호동물처럼 여겨지고 있는 것이다. 소를 잡아 가죽을 얻고 고기를 얻는 것이 더 낫다고 생각할 수도 있지만 그 판단은 그들의 몫인 것이다. 맥도날드에 소고기 버거가 없는 것도 이런 소에 대한 인도인들, 정확히 말하자면 힌두인들이 있어서가 아닐까라는 생각도 해본다.

택시나 릭샤를 타고 델리 시내를 나갈 때면 늘 차들로 꽉 막힌 도로에서 시간을 보내기 일쑤다. 다른 여느 도시와 마찬가지로 가다 서다를 반복하기 때문에 참을성 또한 꽤 필요하다. 특히 출퇴근시간이면 그 정도가 극에 달하는데 빠르게 성장해가는 경제로 인해 자동차의 수는 기하급수적으로 늘어나고 있지만 도로 확충이나 기반 인프라가 그 속도를 따라가지 못하기 때문이다.

이런 이유 말고도 교통체증을 일으키는 범인이 있는데 그것이 바로 이들이 그렇게 소중하게 생각하는 소다. 길 한 가운데가 자기 안방인줄 아는지 한 가로이 시도 때도 없이 누워 있는 놈들과 무단횡단을 하는 놈들은 항상 골칫거리다.

또한 도로와 여기저기 널려 있는 배설물들은 여행을 하면서 한 번쯤은 꼭 밟게 되어 기분을 찜찜하게 만드는 것 중 하나다.

어디서나 불쑥불쑥 튀어나오는 이 친구들로 인해 도시의 미관은 엉망이 되어 버린다. 시장에서는 소들이 돌아다니며 야채나 과일들을 마구 먹어 상인들의 불청객이 되어 버린 지 오래며, 병들어 죽은 소들이 거리에 방치되고, 사람들은 소들을 나무 막대기로 때리며 쫓아내기 일쑤다.

2010년, 4년마다 개최되는 영연방 경기인 '커몬웰스 게임Common Wealth Game'이 열리는 델리는 그 어느 도시보다 변화의 움직임이 빠르게 진행되고 있다. 도시의 얼굴이자 인도의 관문이라 할 수 있는 신공항 건설을 비롯해 새로운 도로 확충과 교통시설 재정비 등 사회 간접시설들을 분주하게 확충하고 있다.

이런 와중에 소들은 더 이상 방치 할 수 없는 골칫거리가 되어 가고 있다. 우선 더럽고 지저분한 인도의 이미지를 벗기 위한 인도정부의 노력이 소들로 인하여 방해받고 있다.

정부도 이 소들을 더 이상 방치할 수 없어 도시 밖으로 계속 밀어내고 있다고 한다. 인도의 도시화·산업화가 진행될수록 소들로 인한 인도정부의 고심은 깊어져만 가고 있다.

축제의 나라, 홀리와 디왈리

'퍽' 하는 소리와 함께 등에 축축한 기운이 돌기 시작했다. 순간 '이게 무엇일까'라는 생각과 수백 가지 상상을 했다. 옷은 젖어 있었고, 이 상황을 설명해 줄 목격자도 아무도 없었다.

하늘에서 떨어진 물벼락 또는 폭탄, 어디에서 떨어진 걸까? 축축한 옷 때문에 기분은 엉망이 되었고 나는 바로 집으로 들어와 옷을 갈아입는 것 외에 할 수 있는 일이 없었다. 이것이 그들로부터 받은 첫 번째 공격이었다.

며칠이 지난 후 거리를 걷고 있던 중 이번엔 내 발 옆으로 그때와 같은 액체풍선이 터지는 것을 감지했다. 그 순간 얼른 하늘로 고개를 돌렸고, 어느 한 주택 발코니에서 꼬마아이들이 잽싸게 몸을 숨기는 것을 볼 수 있었다. 드디어 범인을 찾은 것이다.

나는 얼른 그 집으로 뛰어 올라가 문을 두드렸으나 아무도 문을 열지 않았다. 분명 이 집에서 아이들이

던진 걸 확인했는데도 끝까지 문은 열리지 않았다.

날씨가 서서히 더워지기 시작할 무렵인 2월 말의 일이었다. 그 사건을 인도 친구에게 얘기해주었고 그제서야 난 그것이 홀리Holi 축제의 시작임을 알 수 있었다.

그 후로 홀리 축제가 끝날 때까지 동네를 걸어 다닐 때면 항상 발코니에 옹기종기 모여 있는 꼬마 전사들을 주시하며 길을 걸었다. 전방 30~40m 안에는 적군들이 발코니에 가득 달라붙어 있었고 내가 그들에게 시선을 주면 그들은 나의 눈을 피해 다른 표적을 찾고 있는 척 시치미를 떼고 있었다. 그 시기에는 항상 하늘만 주시하면서 다녔던 기억이 난다.

공격을 받지 않고 무사히 집에 돌아온 날은 옷은 젖지 않아 안도와 기쁨의 한숨을 내쉬었지만 신발을 벗을 때면

홀리 축제의 모습들

취사용으로만 쓰여야 되는 신성한 소의 그것이 떡이 되어 붙어 있어 눈물을 흘리며 신발을 빨아야 했던 잊지 못할 추억이 떠오른다.

홀리 축제의 기원은 히란야까시야뿌Hiranyakashyapu라고 하는 악덕한 왕이 불에서도 타지 않는 마력을 지닌 자신의 여동생 홀리까Holika를 시켜 자기를 따르지 않고 힌두신만을 따르는 아들 쁘라흐라드Prahlad를 죽이려고 한데서 유래되었는데, 결국 그를 안고 불구덩이에 자신만만하게 들어간 홀리까는 불에 타 죽고 쁘라흐라드는 아무렇지도 않게 살아났다고 한다.

그래서인지 홀리 전날에는 홀리까의 인형을 화형火刑하는 의식이 이루어지는데 전봇대만한 홀리까 인형을 마을 주민들이 모여 태우면서 축제를 맞이한다.

다음날 아침, 축제가 시작되면 남녀노소 계급을 불문하고 아침부터 서로 물감을 뿌리며 동네를 뛰어다닌다. 서로에게 묻은 물감을 보고 신이 나서 정신없이 축제에 취해 웃고 노래하고 서로 춤을 추기도 한다.

홀리 축제는 너무 광적이거나 간혹 마약류를 복용하고 축제에 참가하는 사람들에 의해 폭력 및 집단 난투극으로까지 번지는 사고가 발생된 전례도 있어 경찰들은 만일에 대비해 긴장을 늦추지 않는다고 한다.

그래서 델리를 비롯한 대도시에서는 물감 축제를 즐길 수 있는 시간을 오전 10시부터 오후 2시까지로 제한하여 미연의 사고를 방지하고 있다.

그동안 꼬마 전사들의 집중표적이 되었던 나도 그날은 발코니에서 양동이에 물감을 풀어 지나가는 사람들에게 실컷 뿌리기도 했다. 오후 2시가 지나 집안으로 들어와 보게 된 내 방의 온도계는 벌써 30도 가까이를 가리키고 있었다. 홀리는 여름의 시작을 알리는 축제인 것이다.

인도에서 가장 성대한 축제라고 불리는 디왈리Diwali는 디파발리Deepavali라고 불리며 홀리 축제와 함께 인도를 대표하는 축제라 할 수 있다. 겨울이 시작되기 전 수확의 기쁨을 누리는 축제라고도 하는 디왈리는 우리나라 추석의 의미를 가진다.

축제는 5일 이상 이어지며 일주일 이상 2주 가까

디왈리 축제의 불꽃놀이

이 휴무를 즐기는 사람들도 있고, 먼 곳에 있는 가족들을 만나러 선물 보따리를 들고 고향을 방문하기도 한다. 짧게는 3~4일, 길게는 일주일까지 이어지는 디왈리 연휴에는 일상생활을 중단하고 축제를 즐기며 가족들과 시간을 보내는 것 외에는 아무것도 하지 않는다.

이날은 모든 이들에게 선물을 돌리는데 가족, 친지는 물론 집에서 일하는 하인들에게는 선물이 돌아간다. 우리의 명절 보너스처럼 직장에서는 선물과 보너스를 받기도 한다.

축제의 유래는 지역마다 차이를 보인다. 인도 중

북부 지역에서는 고대 인도의 대서사시 중 하나인 라마야나Ramayana에서 그 유래를 찾고 있다. 라마야나의 주인공인 라마Rama가 랑카섬의 사악한 왕 라바나Ravana로부터 그의 부인 시타를 구출해 올 때 그를 환영하는 인파들이 램프로 빛을 밝혔다는데서 축제의 기원을 찾고 있다.

인도인들은 온 집안과 외부에 성탄절에나 볼 수 있을 것 같은 화려한 불꽃 장식을 하며 밤엔 대낮과 같이 불과 램프를 밝히기도 한다. 우리나라 명절 때처럼 가족들을 만나 서로 담소를 나누며 온가족이 축제를 즐긴다.

디왈리의 하이라이트는 누가 뭐래도 불꽃놀이다. 축제 당일은 아침 일찍 목욕을 하고 온가족에게 평화와 행복만이 있길 바라는 의식도 가진다. 저녁이 되면 온가족이 모여 집 앞이나 공원에서 누가 더 세고 화려한 폭죽을 터트리는지 경쟁이라도 하듯 폭죽을 터트린다.

전쟁터를 방불케 할 정도의 폭죽소리와 불빛은 극에 달하고 조금이라도 화려하고 소리가 큰 폭죽을 터트려야 남들에게 그만큼 재력이 있다는 걸 보여준다고 생각하는지 이날만큼은 서로 지지 않으려고 돈을 아끼지 않고 폭죽을 터트린다. 디왈리 때 터지는 폭죽의 양과 그 금액만도 천문학적인 숫자라고 한다.

홀리와는 달리 이날은 외국인이 같이 참여해도 전혀 문제가 없는 날이다. 나 또한 많지는 않지만 소량의 폭죽을 터트리면서 축제를 즐겼다.

디왈리가 끝난 다음날 아침은 정적이 흐르고 화약 냄새가 온 거리에 진동을 하는 전쟁 영화 속에서나 나오는 장면이 연출된다. 거리에는 온통 폭죽 파편들이 널려 있고 전날의 광란을 증명이라도 하듯 안개와도 같은 뿌연 폭죽연기가 가득하다.

디왈리는 뜨거운 인도에서의 여름이 끝났다는 걸 알리는 신호탄이기 때문에 좀 더 살기 좋은 시기, 더위 걱정을 안 해도 되는 시기로 나에게는 홀리보다 더 기다려지는 축제였다.

인디아 타임, 에끄 미니트

아잔타Ajanta, 엘로라Ellora를 여행하기 위해 잘가온Jalgaon이라는 도시로 떠나는 열차를 기다리고 있었다. 갠지스강의 바라나시역은 언제나 그렇듯 많은 인파들로 북적거리고 있었다. 오전 10시경에 기차를 타 다음날 같은 시간쯤에 도착하는 24시간의 기차 여행이었다.

9시가 좀 넘어 역에 도착하여 플랫폼을 확인한 후 토스트를 파는 곳에 가서 아침을 해결하고 기차가 오길 기다렸다. 하지만 도착시간이 되었는데도 기차는 오지 않았다. 인도니깐 또 늦나 라고 생각하며 그냥 기다릴 수밖에 없었다.

오후 2시가 되어도 기차는 오지 않았고, 주위를 두리번거리다 같은 기차를 기다리고 있는 인도인에게 다가가 왜 기차가 오지 않는거냐고 물었다. 하지만 그는 자기도 모르겠다며 고개를 갸웃거릴 뿐이었다.

나는 또 다시 기차역에서 토스트로 점심을 때워야 했고 그렇게 계속 기다려야만 했다. 시간은 점점 가고 날은 어두워지고 결국엔 다시 토스트로 저녁을 해결할 수밖에 없었다.

기차역 밖으로 나가 식당에서 제대로 된 밥을 먹을 수도 있었지만 언제 기차가 올지 모르는 상황에서 기차를 놓치면서까지 밥을 먹는 위험을 감수하고 싶지는 않았다. 그날 먹은 토스트의 계란만 10개가 넘을 것이다.

결국 기차는 저녁 10시가 다 되어 도착했고 기차역에서 12시간을 기다리며 토스트로 세 번의 끼니를 해결한 건 인도여행에 잊지 못할 기억으로 남아있다.

기차가 12시간 연착을 한 것보다 내가 더 놀랐던 것은 이런 상황에서 그 누구도 항의하거나 동요되지 않고 아무 말 없이 그저 기다리고 또 기다린다는 것이다. 우리나라 같으면 1시간, 아니 30분만 기차가 연착이 돼도 9시뉴스의 주요 사건사고로 기사화 될 만한 일이었는데도 말이다.

한 번은 인터넷을 설치하려고 사업자에게 전화를

걸어 가입신청을 했다. 그리고 얼마 후 설치기사가 왔고 그는 나에게 인터넷 사용등록을 해야 된다며 신청금을 내라고 했다. 신청금을 지불하자 기사는 곧 사무실에 가서 등록하고 온다며 "에끄one 미니트 minute"라며 1분만 기다리라고 했다.

그런데 그는 10분이 지나도 1시간이 지나도 오지 않았다. 전화를 해도 그 사람은 금방 가겠다는 말만 되풀이할 뿐이었다. 결국 다음날에나 그 기사를 볼 수 있었다.

내가 화를 내며 어제 왜 오지 않았냐고 묻자 그는 사무실 서버가 고장이 났다는 등의 핑계를 늘어놓았고 "노 프라블럼(No Problem)"이라고 말하면서 곧 설치해 줄 테니 걱정하지 말고 기다리라고만 했다. 지금 해주면 될 걸 뭘 그리 난리를 치느냐 라는 식의 대답이었다. 거짓말 같은 이런 일들이 인도에서는 빈번하게 또한 아무렇지도 않게 일어난다.

이런 일들을 너무 많이 겪다 보니 언제부터인가는 급하지 않은 건 아예 포기하고 기다리지 않게 되었고 급하게 꼭 마무리지어야 된다고 생각하면 끝까지 따라다니면서 완전히 일이 끝날 때까지 그 사람을 놓아 주지 않았다.

　인도에 살다보면 제일 적응하기 힘든 부분 중 하나가 바로 이런 시간문제다.

　힌두에서의 윤회와 전생이라는 개념 때문인지 이들에겐 시간적인 개념이 전혀 없어 보인다. 어차피 이들에게 삶은 윤회하고, 전생에 의해 지금 내가 살고 있는 삶은 운명적인 것이고, 그렇기 때문에 시간에 구애받을 필요가 없는 것인가 하는 생각이 든다. 시간은 금이고 한 번 지나간 시간은 되돌릴 수 없다는 식의 우리 개념과는 상반된다.

　특히 내가 한 행동에 대해 남이 나를 어떻게 생각하고 평가할까를 중요시하는 우리나라 사람들과는 달리 자신에 대한 타인의 평가에 별로 신경쓰지 않는다.

　약속시간에 늦으면 저 사람이 나를 안 좋게 볼 것이라고 생각하는 우리와는 달리 내가 늦은 것은 어차피 운명적인 것이고 전생에 다 결정되어진 것이라고 생각하기 때문에 미안한 마음도 없는 것처럼 보인다.

　인도시간India Time이라는 말이 있을 정도로 이들의 시간개념은 세계적으로도 유명한데 글로벌화 되어 가는 비즈니스 환경 속에서도 그러한 인도시간이 적용되고 있는지 궁금하다.

인도에 살면서 스스로 배운 것 중 하나가 인내라고 당당하게 말 할 수 있을 정도로 늘 인도에서의 삶은 기다림의 연속이었다. 인도에서 인내하고 기다리지 못한다면 결국 스트레스로 수명을 단축시킬지도 모른다는 생각까지 했을 정도다.

오늘도 나는 전화나 메신저를 통해 인도인들과 일을 하고 있다. 그들은 나에게 10분 안에 처리해 줄 테니 조금만 기다려 달라고 한다. 그러나 다음날이 되어서야 답을 얻게 된다. 이제는 익숙해져 아무렇지도 않다. 인도이기 때문이다.

이곳만은 꼭 가보자 Ⅳ

◉ 미투나(남녀 성교합)상의 카주라호

버스에서 내리자마자 불쑥불쑥 외국관광객들을 향해 내미는 잡상인들의 물건들이 관광객들을 불쾌하게 할 수도 있다. 낯 뜨거운 사진들과 조각품, 남녀 성교합상이나 그런 행동을 묘사한 동으로 만든 인형, 엽서 그

카주라호

리고 '카마수트라'라고 써 있는 책 등이 바로 그런 물건들이다. 하지만 이런 잡상인들의 물건들이 전혀 이상하게 생각되지 않는 곳, 그곳이 바로 카주라호Khajuraho다.

인도지도를 펴보면 정 중앙에 보이는 마드야 프라데쉬 Madhya Pradesh라는 큰 주State가 있다. 차티스가르 Chattisgarh주가 분리되기 전, 인도에서 가장 컸던 주로, 면적만도 한반도의 2배 이상 되었던 곳이다. 마드야 프라데쉬주의 북부 지방에 위치한 카주라호는 세계적으로 많은 관광객을 끌어 모으고 있는 인구 2만 명 정도의 작은 마을이다.

만약 카주라호에 있는 사원들이 어디에서나 볼 수 있는 흔

Ⅳ 복잡하고 다양한 사회와 문화

한 힌두사원들이었다면 기차역도 없고 다른 지역에 비해 유독 날씨도 더운(한여름엔 거의 50도까지 올라가 국내선 항공기 운항도 중단되는 곳이다) 이곳까지 많은 관광객들이 오지 않았을 것이며, 지금의 명성도 얻지 못했을 것이다. 이곳이 이렇게 유명세를 탄 이유는 힌두 찬델라Chandela왕조가 남긴 남녀 성교합상인 미투나상의 명성 때문이다.

이슬람 세력이 인도에 발을 내딛기 전, 힌두 찬델라 왕조의 수도였던 이곳은 950년부터 1050년까지 85개의 사원이 조성되어졌다. 지금은 그중 불과 22개 사원만이 남아 있으나 그나마도 이슬람세력에 의해 파괴되어 다른 지역의 힌두사원들에 비하면 많이 남아있는 것으로 생각되는데 그 이유로는 카주라호의 지역적 고립성 때문이라는 주장이 많다.

힌디어로 카마Kama는 성Sex이라는 의미로 쓰이며 수트라Sutra는 '지식'이나 '보고서' 정도의 의미로 쓰인다. 즉 카마수트라Kamasutra는 성에 관한 보고서나 책 또는 문헌정도로 해석될 수 있으며, 인도에서 가장 오래된 성애에 관한 문헌으로 400년경에 성립되어진 걸로 알려져 있다.

현대에 '카마수트라'는 남녀의 성과 관련된 단어 정도로 인식되어지면서 왠지 모르게 터부시되는 느낌이 있는데, 인도에서의 카마수트라는 역사에서도 알 수 있듯이 인도인들의 삶과 문화 그리고 종교까지 깊이 연관되어 있는 삶의 한 부분과도 같은 것이다.

미투나상들의 형상들이 카마수트라 형태를 띠고 있다하여, 카주라호를 카마수트라의 도시 또는 카마수트라상이 있는 곳이라고 하지만, 카주라호의 사원들이 카마수트라를 조각해 놓았다고는 단정지어 말할 수 없다. 찬델라 왕조가 왜 그 사원들을 건축했는가에 대한 정확한 정설을 찾기 힘들고 학자들마다 조금씩 다른 견해를 가지고 있어 풀리지 않은 수수께끼로 남아 있기 때문이다.

그중에서도 가장 신빙성 있게 제시되는 설은 사원이 건축된 시기인 서기 10~12세기경 인도에 밀교(힌두교와 같은 인도의 토속종교 등과 관계를 가지고 있으면서, 힌두적 종교가 변형·혼합된 신비주의적 비밀불교)가 한창 유행하고 있을 때 카주라호의 사원들이 그 영향을 받아 건축되었다는 것이다.

사원 외부에 조각되어진 미투나상의 의미를 알게 되면, 어떻게 그 시대에 이같이 적나라한 조각들을 만들 수 있었는지 신비와 감탄을 금할 수 없게 된다. 이런 사원를 내문인지 카주라호에 가면 카마수트라와 관련된 많은 서적과 기념품을 쉽게 볼 수 있으며 심지어는 민망할 정도의 물건들도 접할 수 있다.

하지만 이곳에서 만큼은 그런 물건들을 전혀 이상하게 생각하지 않는다. 젊은 남자들은 짓궂은 농담으로 특히 외국인 여성 관광객들을 당황스럽게 만들기도 하지만 이곳에서 만큼은 그런 장난들이 용서가 되는 듯하다.

V

교육과 엔터테인먼트

긴장되는 순간이었다. 종소리가 울리고 감독관은 답안지와 시험지를 나누어 주기 시작했다. 답안지는 24페이지로 되어 있었고, 10문제 중 5문제를 선택해 그 공책에 답안을 적어 제출하면 되는 것이었다. 시험지를 받자마자 문제들을 확인하고 그때부터 나의 손은 쉴틈 없이 답안을 적어나가기 시작했다. 24페이지를 다 채운 후 손을 들어 8페이지 분량의 추가 공책을 받아 답안을 계속 적어 나갔다.

시험 중 전기가 나가 교실 천장의 선풍기도 멈춰 이마에 땀이 흘러도 신경 쓸 여유는 없었다. 오로지 외웠던 답안만 머릿속에서 지워지지 않기를 바라는 마음으로 공책을 채우는 일밖에는 다른 곳에 신경 쓸 여유가 없었던 것이다.

그렇게 3시간 동아 답안지를 채우고 나서야 시험의 끝을 알리는 종소리가 울리고 감독관들이 답안지를 모두 회수하면서 시험은 끝이 났다. 시험이 끝나고 강의실을 나오면서 목과 팔이 한바탕 홍역을 치른 것처럼 아파오는 걸 느낄 수 있었다. 이것이 인도 대학의 시험이었다.

19단에서 시작하는 인도의 교육

6살 모한은 우리 동네 짜이(인도의 차茶) 가게 막내아들이다. 갓 학교에 들어간 모한은 집 근처에서 친구들과 함께 학교로 향할 오토릭샤를 기다리고 있었다. 성인 남자 2명이 타면 딱 맞고 3명이 타면 좁아서 몸을 움츠려야 되는 오토릭샤가 도착하자 모한을 포함한 10명 정도의 아이들이 올라타기 시작했다.

운전사 양옆에도 아이들이 매달려 있듯이 앉아 있었고 뒷좌석엔 7~8명이 넘는 아이들이 다닥다닥 붙어 있었다. 릭샤 뒤편과 지붕 위에는 아이들 몸집보다 큰 책가방들이 줄줄이 끈으로 매달려 있었다. 아이들을 태운 릭샤는 학교를 향해 달리기 시작했다. 학교 앞에서 모한과 아이들은 릭샤기사가 건네주는 책가방을 받고는 학교로 뛰어 들어갔다. 이렇게 매일 아침 모한은 친구들과 학교로 향했다.

인도의 교육은 초등학교 6년부터 시작하는 '6+3+3 시스템'으로 이루어진 우리나라와 큰 차이가 없다.

인도 대부분의 학교에서 채용되고 있는 CBSE Central Board of Secondary Education 학제는 우리와 같이 총 12년의 교육과정을 거쳐 대학에 진학하는 시스템인데, 1~5학년까지의 초등과정과 6~10학년까지의 중등과정으로 되어 있다.

10학년 때 초·중등과정 수료 시험을 치르며 그 결과에 따라 대학준비과정의 고등과정인 11~12학년 진학이 결정된다. 10학년까지는 대부분의 국·공립학교가 의무교육을 실시하고 있을 정도로 교육에 대한 관심이 크고 많은 투자를 하고 있다.

학교가는 아이들

11학년에 진학하면 그때부터는 문과, 이과처럼 세분화된 전문 분야로 나뉘어 공부를 하고, 그에 따라 대학전공과목을 선택해 진학한다.

우리나라의 수능시험 격인 대입시험All India senior school certificate examination을 12학년 말에 치르며, 그 결과에 따라 대학입학의 당락이 좌우된다.

시험기간에는 시험으로 인한 사건 사고가 연일 보도될 만큼 학부모를 비롯한 전 국민의 관심이 시험에 집중된다. 시험결과에 비관하거나 자살하는 학생들이 뉴스에 보도되기도 하고 대학 부정입학 뉴스가 주요기사로 나올 정도로 교육에 대한 사회적인 관심과 중요성을 알 수 있다.

인도의 대학은 우리나라 대학과는 달리 델리대학교나 뭄바이대학교와 같이 학교 본부 아래 수십 개의 단과대학으로 이루어진 대학 형태가 주를 이룬다. 우리나라의 대학 개념만으로는 잘 이해가 되지 않을 것 같아 예를 들면, 델리대학교University of Delhi는 81개의 단과대학(칼리지, College)으로 이루어진 커다란 종합연합대학이다.

단과대학이 주로 몰려있는 메인 캠퍼스에는 대학 본부가 있고, 그 산하 81개의 단과대학이 델리시내 여러 지역에 위치해 있다. 각 단과대학별로 특화된

▲델리대학교 본관 ▼사설학원 내부

과가 있을 수 있으며, 같은 학과여도 단과대학의 커트라인 입학점수는 다르다.

예를 들어 ○○○ 단과대학 경영학과 점수는 90점이 입학가능 점수라면 다른 XXX 단과대학 같은 과의 입학점수는 70점이 될 수도 있다. 수험생이 델리대학교를 지원할 때는 자신의 점수로 입학 가능한 학과와 단과대학을 선택하고 지원한다.

쉽게 설명해 내가 델리대학교를 졸업하게 되면 내가 공부한 단과대학은 '○○○ 칼리지'가 되고 졸업장에는 델리대학교University of delhi와 전공이 함께 표시된다.

즉, 델리대학교는 수십 개의 단과대학을 모두 합친 추상적인 개념의 이름이고 실제 학부과정은 모두 칼리지에서 이루어진다.

종합적으로 칼리지 순위가 매겨지기도 하고, 학과별로 순위가 매겨져 보도되기도 한다. 수험생들은 델리대학교에서도 최고의 칼리지에 입학하기를 원하며 졸업 후에도 자신의 칼리지와 전공이 취업에 상당한 영향을 미치기도 한다.

예를 들어 델리대학교에서뿐만 아니라 전국에서도 최고의 단과대학으로 알려져 있는 세인트 스테판St. stephens 칼리지는 델리대학교 설립 이전인 1881년에 개교해 100년이 넘는 전통과 역사를 지니고 있으며 전국의 수재들만 들어갈 수 있다는 학교로도 유명하다. 이곳을 졸업하면 부와 명예까지 따라온다고 한다.

현재 인도에는 200개가 넘는 종합대학과 1만 개가 넘는 단과대학

▲델리대학교의 한국축제 ▼우드스탁

이 있는데 인도가 교육에 얼마만큼 관심을 가지고 있는지 대학 숫자만 보아도 알 수 있다.

구구단이 아닌 19단과 일상화된 영어로 수업을 시작하는 인도 초등학교의 교육에서부터 세계최고의 실력을 자랑하는 대학들, 그리고 IT분야 세계최고 대학으로 인정받고 있는 IIT^{Indian Institute of Technology} 공대까지, 튼튼히 지식기반을 쌓아가고 있는 인도의 젊은이들은 전 세계 곳곳에서 실력을 인정받고 있다.

21세기 세계가 주목하는 놀라운 경제 성장력과 빠르게 변화하는 인도는 이런 인도 교육의 산실이라고 할 수 있는 우수 인력들에서 비롯되는 것이 아닐까 생각한다.

IT 강국, 지식 아웃소싱의 나라

화려한 넥타이를 매고 하얀 와이셔츠를 입은 직원들이 분주하게 사무실을 돌아다니고 있다. 우리가 머릿속에 그려왔던 인도의 선입견을 가지고 있다면 상상이 되지 않는 모습이다. 정돈된 사무실과 말끔하게 차려 입은 젊은 인도인들이 서류를 들고 컴퓨터 앞에 앉아 있는 모습은 우리나라 사무실 모습과 전혀 다르지 않았다.

그중 매니저 급으로 보이는 중년의 남자가 인도의 지식산업과 IT산업, 그리고 인도의 고급인력 등에 대한 한국인 기자의 질문에 인터뷰를 하고 있었다.

한국의 모 방송국에서 변화하는 인도, 인도의 고급인력과 IT, 지식 아웃소싱Outsourcing에 대해 인도로 취재를 왔을 때 방송도우미 겸 현지 안내 아르바이트를 하면서 인도의 전문 IT업체와 언론업체 등을 따라다니며 보았던 모습이다.

요즘 들어 인도하면 바로 떠오르는 단어는 타지

마할과 갠지스강보다 IT라는 단어다. 우수한 인력과 지식 아웃소싱산업은 인도 IT산업의 탄탄한 버팀목 역할을 하며 인도를 이끌어 나가는 성장 동력이 된 지 오래다.

미국의 MIT와 견줄 만한 인도 최고의 IT대학인 IIT^{Indian Institute of Technology}를 비롯한 인도 내 수백여 개의 공과대학에서는 해마다 수만 명 이상의 IT인력이 배출돼 세계로 나가고 있다.

인도의 IT인력들이 어떻게 세계의 주목을 받게 되었고 그들이 가지고 있는 장점이 무엇인지 알아보자. 일단 인도 IT인력들의 가장 큰 장점은 인건비다.

예컨대 인도 IT인력들의 인건비는 캐나다를 비롯한 선진 국가 인건비의 5분의 1에도 미치지 않으며 한국이나 이스라엘 심지어는 필리핀 인력에 비해서도 월등히 낮다.

델리의 전자상가 네루플레이스

더불어 해외에 나가서도 전혀 구애받지 않는 이들의 영어 실력 또한 큰 경쟁력으로 작용하고 있다. 미국 실리콘벨리의 기술 엔지니어들이 상당수 인도대학을 졸업한 인력이라는 것과 우리가 일상에서 늘 사용하는 MSN메신저를 개발한 사람 또한 인도인이라는 사실만으로도 그들의 실력이 어느 정도인지 쉽게 짐작할 수 있다.

인도 중남부의 대도시인 뱅갈로르Bangalore와 하이데라바드Hyderabad는 인도를 대표하는 기업과 연구기관뿐만 아니라 세계의 다국적 IT기업이 밀집해 있어 인도 IT의 메카라 불리며 인도 IT산업을 선도하고 있다.

이 도시들에는 소프트웨어 기술단지가 설립되어 세계에서 내로라하는 IT기업인 마이크로소프트사나 IBM사 등 유수의 기업들이 진출해 있다.

인도는 특히 지식 아웃소싱 분야에서 두각을 나타내고 있다. 예를 들어 인도에 지사를 두고 미국에서 전화를 걸면 인노인이 선화를 받아 안내를 해주는 콜센터부터 병원제약 부분의 사무업무 또는 항공권 예약까지 다양한 지식 아웃소싱이 크게 성장하고 있다.

세계적 기업들이 자국의 인력은 감축하고 인도 인력을 증가시키는 이유도 인도인들의 뛰어난 업무 능력과 싼 인건비 등이 기업들에게 큰 매력으로 다가 왔기 때문이다.

얼마전 국가 간 우수인력의 이동현황에서 인도의 인력들이 미국, 영국, 호주 등의 영어권 선진 국가들을 비롯해 중동으로까지 진출하고 있다는 기사를 보았는데, 인도 지식인력들이 해외에서 성공적으로 자리 잡고 있다는 것을 다시 한 번 느낄 수 있었다.

하지만 이렇게 많은 장점을 가지고 있는 인도의 IT산업은 소프트웨어산업과 지식 아웃소싱 등 일부에 국한되어 있는 현실이다.

다른 여타 산업과는 다르게 소프트웨어산업은 기술·노동집약적 산업이기 때문에 인프라가 차지하는 비중이 절대적이지 않다. 그래서인지 인도 전체의 IT인프라는 아직도 걸음마 단계에 불과하다.

초고속인터넷 가입자 수도 타 경쟁 국가에 비해 떨어지고, 전국의 컴퓨터 보급 대수 또한 아직 초급수준에 불과하다. 그리고 대부분의 국민들이 IT가 뭔지도 모르며 전혀 교육조차 받지 못하고 있는 현실이 큰 문제로 지적되고 있으며, IT산업 또한 일부 상류층을 위한 산업으로 존재하는 게 현실이다. 또한 불법으로 공공연하게 유통되고 있는 불법 복제 소프트웨어도 인도 IT산업의 방해 요소로 여겨지고 있다.

이렇게 인도 IT산업의 단점을 지적하는 이유는 인도 IT기술의 우수성만 생각하고 맹목적으로 접근하려는 것을 방지하기 위해서다.

2000년 이후 한국에서 인도의 IT산업이 대중매체에 소개되고 IT유학 열풍이 불면서 많은 학생들이 적지 않은 돈과 시간을 투자하여 인도로 IT유학을 왔다. 하지만 대부분의 학생들이 중도에 포기하거나 학업을 접고 귀국하는 사례를 많이 보았다.

취약한 IT인프라, 인도사람들의 시간개념, 인도 문화 부적응, 언어소통의 어려움 등으로 인해 많은 학생들이 처음 목표나 의지한 바와는 다르게 짐을 싸는 것을 보았다.

혹여 인도로 IT유학을 생각하거나 그 분야로의 사업을 원하는 사람들에게 조심스런 접근이 필요하다는 것을 말하고 싶다.

항상 밝은 면이 있으면 어두운 면도 있다는 것을 간과하지 말아야 한다.

배울 수 없는 아이들

5~6살부터 많게는 10살이 넘어 보이는 아이들이 옹기종기 잔디밭에 모여 앉아 있었다. 대학생으로 보이는 한 사람이 글자를 노트에 적는 것 같았고 아이들에게 그 글자를 보여주며 무엇이라고 얘기하더니 곧 아이들이 글자를 우렁차게 따라 읽기 시작했다.

그렇게 한 학생은 글자를 가르치고 다른 학생은 돌아다니고 떠드는 아이들을 통제하며 수업에 집중시키는 중이었다.

학교 건물 뒤쪽으로는 거의 지나다닐 일이 없었는데, 우연찮게 눈에 비친 그 모습은 나의 발길을 학교 뒷마당으로 돌리게 만들었다. 내가 외국인이라는 것을 알아서인지 아니면 자기들과 피부색이 달라서인지 내가 가자마자 그곳은 금방 어수선해져 버렸다.

'괜히 왔나' 하는 생각과 수업을 방해한 건 아닌

가 하는 미안한 마음이 들었지만, 선생님들의 통제에 곧 수업은 재개되었고 그들은 다시 글자를 읽기 시작했다.

슬럼가 아이들을 가르치는 대학생

아이들의 수업이 끝날 때쯤 학교 매점에 가서 과자 여러 봉지를 사다가 아이들에게 주었다. 그러자 다시 그곳은 아수라장이 되었고 아이들은 과자 봉지를 들고 어디론가 달려갔다.

아이들이 간 곳은 그곳에서 불과 20m 정도 떨어진 곳으로 임시천막 같은 것이 몇 개 있었고 그 안에서 엄마와 할머니, 할아버지로 보이는 사람들이 나와 아이들을 맞이했다. 학교 건물 바로 뒤에 이런 슬럼가가 존재한다는 것은 상상조차 할 수 없던 일이라 그 광경을 보고 놀라지 않을 수 없었다.

아이들을 가르쳤던 대학생들이 말하길 이들의 아버지들은 학교 신축공사에 투입된 인부들인데 마땅히 갈 곳이 없어 그곳에서 가족들과 천막을 짓고 살고 있다고 한다. 옷도 제대로 입지 않은 아이들은 그렇게 하루 종일 그곳에서 생활하며 집안일을 하고 엄마의 바느질 등을 도우며 학교도 가지 못하고 있었던 것이다.

이를 딱하게 여긴 대학생들이 아이들에게 글자를 가르쳐 주고 있었던 것인데 그나마 글자라도 배울 수 있게 놔두는 부모가 있어 행복한 아이들이라는 말을 들었다.

인도의 문맹률은 자그마치 30%에 이른다고 한다. 정확한 통계조차 없는 것이 현실이지만 어떤 통계에서는 40% 가까이 된다고 말하기도 한다. 단순계산으로만 봐도 11억 명의 인구 중 3억 명 이상은 글자를 읽을 줄도, 쓸 줄도 모르는 까막눈인 것이다.

의무교육으로 진행되는 초등교육이지만 학교에 가지 못하는 아이들이 너무 많기에 의무교육이라는 말 자체가 현실과 부합되지 않아 보였다. 하지만 이보다 더 심각한 현실은 어린 나이에 생계를 위해 노동력을 착취당하고 심지어는 아동 성매매에까지 이용된다는 사실이다.

하루 종일 쓰레기 더미를 뒤져야 되는 아이, 하루 15시간 이상을 바느질만 하는 아이, 3살부터 담뱃잎을 말아야 하는 아이가 부지기수지만, 이들이 고작 벌어들이는 하루 수입은 우리 돈 몇 백 원밖에 안 된다는 사실에 또 한 번 놀라지 않을 수 없었다.

가난한 인도의 아이들

인도는 1930년대부터 아동 노동력 착취를 금지했고, 최근에는 아동의 노동력 착취 금지와 교육을 받을 수 있는 새로운 개정안을 통과시켰지만, 어디까지나 법에 불과할 뿐 가난한 이들에게는 이러한 법조차도 무의미해 보였다.

심지어는 자신의 부모들에 의해 밖으로 내몰려 일을 해야 되는 아이들의 현실에 무슨 법이 필요할까라는 생각이 들기도 한다.

태어날 때부터 정해져 있는 운명적인 신분, 그리고 낮은 신분으로 인해 따라 오는 가난의 굴레는 아이들을 조이고 있는 너무나도 두꺼운 쇠사슬이다.

배우고 싶어도 학교에 가지 못하는 아이들과 그런 아이들의 노동력을 착취해야만 하는 인도의 또 다른 현실이 미래의 희망인 어린이들을 너무나도 쉽게 죽여가고 있는 것은 아닐까라는 생각에 씁쓸한 마음을 감출 수가 없다.

먹을 것도 많고 탈도 많은 인도의 먹거리

　　인도에 가면 한국사람뿐만 아니라 다른 외국인들조차 고생하는 부분 중 하나가 바로 음식이다. 독특한 인도향에서부터 심지어는 손으로 먹는 음식 문화까지 쉽게 적응하기 힘들다.

　광대한 영토에 다양한 민족과 문화들로 먹을 것 또한 다양한 인도에서 가장 대표적인 음식들을 알고 간다면 여행을 하거나 머무는 동안 음식 때문에 고생했다는 말은 덜 할 수 있을 것이다.

　우리는 주식으로 쌀을 먹는다. 그럼 과연 인도사람들은 주식으로 무엇을 먹을까? 인도에는 쌀을 주식으로 하는 지역도 있고, 로티Roti나 짜파티Chapati라고 불리는 밀로 만든 전병 같은 것을 주식으로 하는 지역도 있다.

　크게 나누어 중북부 지역은 짜파티 등의 밀을 주식으로, 남부 지방은 주로 쌀을 선호하지만 지역에 따라서 반대가 되는 경우도 있다고 한다.

우선 중북부 지역의 가장 대중적인 음식인 탈리 Thali가 있다. 탈리란 쟁반이라는 뜻으로 짜파티 또는 난이라고 불리는 밀 점병에 여러 종류의 야채볶음이나 닭볶음 등의 반찬을 싸먹는 것으로 인도에서 아주 쉽게 볼 수 있는 음식이다. 쌀밥도 주고 요거트와 각가지 야채들도 많이 나온다.

어느 인도식당에서든 탈리는 쉽게 먹을 수 있는 음식이다. 향신료 때문에 고생하는 사람들에게 추천해 줄 수 있을 정도로 향도 거의 없고 가장 대중적으로 무난하게 먹을 수 있는 음식 중 하나다.

인도에 가면 꼭 먹어봐야 되는 음식 중 하나가 탄도리Tandori치킨이다. 한국의 인도음식점에서는 꽤 고가의 음식으로 분류되어 주문을 망설이게 만드는 이 음식은 닭을 인도 전통화덕에 구운 요리다.

약간의 향이 들어가지만 이 정도는 거의 대부분의 사람들이 거부감을 못 느낄 정도이니 걱정은 하지 않아도 된다. 특히 배낭여행 중이라면 부족한 단백질을 채워줄 수 있는 음식으로 기회만 된다면 자주 먹는 것이 좋다.

남인도의 대표적인 음식은 도사Dosa다. 쌀과 콩을

불려 만든 반죽을 기름에 부침개 비슷하게 부친 음식으로, 종류에 따라 아무 양념이 없는 플레인 도사부터 맛살라 도사, 어니언 도사 등 종류도 다양하다.

도사는 북인도에서도 상당히 인기가 많은 음식으로, 어느 남인도 음식점에서는 점심시간이 되면 줄을 서서 먹을 정도로 인기가 대단하다. 차이는 있겠지만 한국사람에게는 도사를 비롯한 남인도 음식이 중북부지역 음식에 비해 거부감이 덜하다.

인도음식 얘기를 하면서 빼놓을 수 없는 요리가 바로 커리Curry다. 우리에게는 카레로 더 잘 알려진 요리인 커리는 투리Turry라는 이름에서 유래되었는데, 영국인들에 의해 커리로 불려지게 되었다.

커리는 세계에서 제일 오래된 향신료 중 하나로 알려져 있으며, 인도의 각 지방마다 커리의 맛 또한 다르다. 우리가 알고 있는 카레는 커리가 일본으로

인도의 음식. 왼쪽부터 짜파티, 알루띠까(감자를 으깬 길거리 음식),
탄도리치킨, 버터난, 커리와 볶음밥

들어가 일본인 입맛에 맞게 만들어져 넘어온 것이라고 하는데, 인도 커리와는 많이 다르다는 것을 알 수 있다.

우리가 밥에 비벼 먹는 카레라이스와는 다르게 인도에서의 커리는 국처럼 묽게 되어 있어, 밥이 아닌 난이나 짜파티를 찍어 먹는다. 처음에 인도에 온 사람들은 "카레가 뭐 이래"라고 반문하기도 하는데, 정확한 기준에 의하면 우리가 알고 있는 카레가 짝퉁인 것이다.

인도에 있다 보면 제일 쉽게 많이 접할 수 있는 먹거리 중 하나가 인도 차인 짜이Chai다. 물과 우유를 섞어(우유 비율이 조금 더 많다) 그 속에 생강이나 다른 열매 등을 넣고 끓인 후 설탕을 넣어 만든 것이 짜이다. 인도인들은 이 차를 하루에도 몇 번씩 시도때도 없이 마신다.

길거리에서 한 잔에 2~3루피(장소에 따라서는 5~10루피도 된다)면 어디서든 쉽게 마실 수 있는 서민의 음료다. 인도기차 안에서 '짜이, 짜이'를 외치며 통로를 지나다니는 짜이 장수들을 10분이 멀다하고 볼 수 있는 것도 이런 대중적 인기 때문이다.

한국에서는 꽤 비싼 망고나 석류 등도 인도에서는 싸게 구할 수 있기 때문에 인도의 열대과일은 이방인들을 즐겁게 하는 먹거리 중 하나다.

인도음식이 조금 물리고 입에 맞지 않는다면 과일로 해결하는 것 또한 좋은 방법인데, 인도에 와서 이런 열대과일만 먹고 가도 본전을 뽑는다는 소리가 있을 정도로 인도의 열대과일은 최고의 먹거리다.

다양한 과일들

이렇게 다양하고 먹을 것이 많은 인도음식 중에서도 꼭 조심스럽게 접근해야 될 음식들이 있는데, 그중 제일 중요한 것이 물이고 다음으론 끓이지 않고 살균되지 않은 음식들이다. 특히 물은 꼭 생수를 사먹어야 할 정도로 조심해야 한다.

  물론 호텔이나 레스토랑에서는 정수한 물들을 주기 때문에 상관없지만, 보통 대중음식점에서 주는 물들은 정수되지 않은 물들이 대부분이라 마시면 그 물에 적응하지 못한 한국인이나 외국인들은 경우에 따라서 배탈이 날 때도 있다.

  심지어는 기차 안에서 나오는 물로 양치만 하고도 배탈이 나는 사람을 보았을 정도로 인도에서 입에 들어가는 물은 항상 조심해야 한다. 또한 길거리에서 파는 음식들 중 끓이거나 데우지 않은 음식은 될 수 있으면 피하는 것이 좋다.

  나도 길거리 음식을 잘못 먹고 일주일 동안 한국에서 가지고 온 약을 다 먹고도 상태가 나아지지 않아 결국 병원 응급실로 직접 걸어 들어갔던 웃지 못할 경험이 있다.

  너무 고생을 해 그 이후론 절대로 끓이거나 데운 음식이 아니면 길거리에서 먹지 않겠다고 결심을 했는데도 불구하고 다시 먹게 되곤 했었는데, 배탈이 안 나는 걸 보면 내 배도 인도음식에 면역이 되어가고 있다는 걸 알 수 있었다. 역시 사람은 어디를 가나 적응하게 된다는 생각을 하며 웃던 기억이 난다.

뚱뚱한 채식주의자들

　　　　　　탈리와 짜파티, 가끔 닭이 들어간 볶음밥이라도 먹으면 그나마 다행이었다. 고기라곤 한 달 넘게 닭고기 외에는 구경도 하지 못했고 그나마 닭고기를 파는 곳도 많지 않아 매일 먹을 수도 없었다.

　간혹 지나가다 삶은 계란이나 계란 후라이를 파는 곳이 있으면 무조건 들어가 단백질을 섭취했었다. 인도 여행에선 닭고기와 가끔 양고기 정도 외에는 한국에서 쉽게 먹을 수 있는 돼지고기나 소고기를 먹는다는 건 하늘의 별 따기였다.

　인도에 온 지 불과 6개월이 채 되지 않았던 때, 나는 인도에 사는 동안 소고기나 삼겹살은 절대 먹을 수 없을 것이라고 비관하고 있었다. 이 기회에 채식주의로 바꿔 볼까도 생각해 봤지만 인도의 환경은 채식주의를 하면서 살 수 없을 만큼 혹독해 보였다.

　기업에서 파견된 한국인 주재원이 늘면서 그들을

상대로 하는 한국식당에서 삼겹살이나 한국음식을 먹을 수 있었지만 워낙에 가격이 비싸 돈 없는 학생에겐 항상 그림의 떡이었다. 그러던 나에게도 광명이 찾아왔다.

외국인이 주로 모여 사는 주택가 상점에서 삼겹살과 베이컨, 소시지 등 한국에 가야만 먹을 수 있을 것 같았던 고기들을 살 수 있다는 것이었다. 그 소식을 접하자마자 그곳으로 1시간 남짓 달려갔고 그 후론 이것저것 몇 킬로그램이나 되는 고기들을 사오곤 했다. 그때는 냉장고에 가득 차 있는 삼겹살과 소시지만 보아도 행복했던 시절이었다.

인도에는 유독 채식주의자들이 많다. 힌두교와 이슬람교를 합친 인구비율이 95% 정도니 우선 종교적인 영향이 절대적이라 할 수 있다.

뚱뚱한 인도인

우리가 잘 아는 불교나 자이나교 또한 살생을 금하기 때문에 고기를 먹지 않고 시크교 또한 힌두의 영향이 강해 육식을 잘 하

시장의 정육점

지 않는다. 인도인들이 먹는 육식이라곤 닭고기나 양고기 정도가 전부다.

소를 도살하는 것 자체가 금기시되는 나라이기 때문에 소고기를 먹기란 거의 불가능하고, 큰 호텔에 가야 겨우 스테이크를 먹을 수 있을 정도인데 그나마도 없는 호텔이 태반이다.

돼지고기는 힌두인들도 먹지 않지만 이슬람에서 매우 금기시하는 동물이다. 그 어떠한 것보다도 더 럽게 생각하는 동물이기 때문에 먹지도 않고 보는 것조차도 더럽게 생각한다.

이슬람인들은 소고기는 먹는데 그들이 주로 밀집해 있는 곳의 정육점에서 판매하는 소고기는 우리

입맛에는 잘 맞지 않는 물소들이 대부분이다.

   이렇게 서로 다른 동물과 육식에 대한 기준에서부터 힌두와 이슬람 갈등의 골이 깊어졌는지도 모른다는 생각을 해보았다. 우리가 세계사 시간에 배운 인도 세포이 항쟁에서처럼 인도인들은 소와 돼지에 민감하다. 이렇다 보니 인도에서 이 고기들을 먹는다는 건 더더욱 어려운 일이다.

   인도에는 아예 고기를 팔지 않는 채식주의자용 식당도 있고 호텔 또는 기차나 비행기 등 음식을 주는 어느 곳이든 음식을 주기 전 채식주의자인지 꼭 확인을 한다. 그만큼 음식은 인도인들이 상당히 민감하게 생각하는 부분이기도 하다.

   절실한 채식주의자라면 정도는 더욱 심각하다. 그들은 뿌리 음식인 양파, 마늘, 감자도 먹지 않는다. 뿌리라는 것은 만물의 생명과도 같기 때문에 그걸 먹는다는 것은 생명의 근원을 없애는 것과 같은 것으로 생각되기 때문이다. 맥도널드나 KFC 같은 패스트푸드점에 야채버거가 있는 것만 보아도 채식주의자가 얼마나 많은지 알 수 있다.

   생선 또한 인도에서 먹기 힘든 음식 중 하나다. 특히 여름이 유독 더운 내륙지방에선 더욱 먹기 힘들다. 넓은 영토에 비해 잘 정비되어 있지 않은 도로 때문에 생선이나 농산물 등은 운반 도중 다 부패해 버리기 일쑤다. 그래서인지 한 인도인 친구는 오징어나 문어가 무엇인지도 잘 몰랐고 그런 연체동물들을 엄청 더럽게 생각하는 친구도 있었다.

이런 인도의 식습관을 보면서 항상 의문이 드는 점이 있었다. 이렇게 육식도 하지 않고 채식을 주로 하는데도 육체의 풍만함은 웬만한 서구인들 못지않았고, 비만이 급속도로 빨라지고 있다는 뉴스나 신문기사가 참 의아했던 것이다.

대부분 채식만 하는 학생들임에도 불구하고 출렁이는 뱃살이 항상 의문을 갖게 했다. 하지만 그들의 식생활을 알게 되면서 그 궁금증은 풀리기 시작했다. 우선 인도사람들은 유독 달고 기름진 음식을 좋아한다. 육식만 안 할 뿐이지 더운 날씨에 버티기 위해 고열량 음식을 많이 섭취한다.

또한 식사를 매우 늦게 하는 편이다. 점심을 3시 이후, 저녁을 보통 8시 이후 9시가 되어서야 먹는다. 그리고 완전히 소화도 되기 전 잠자리에 들곤 한다. 우스갯소리로 비싼 밥 먹고 왜 아까운 힘을 낭비

하냐는 말이 있을 정도로 힘 빠지기 전에 바로 취침에 들어간다.

그리고 서구화가 급속히 번지면서 패스트푸드 소비가 증가하는 것 또한 인도인의 비만율을 높이는 이유라고 한다. 맥도널드나 KFC에서 판매되는 햄버거 가격이 한국과 별반 차이가 나지 않음에도 항상 만원을 이루며 불티나게 팔리는 것이 이를 증명하고 있다. 또한 예전부터 풍만함이 미의 상징으로 여겨졌기 때문에 이들은 비만에 대해 관대했다.

하지만 요즘 인도에서도 미의 기준이 풍만함에서 날씬함으로 바뀌면서 다이어트 열풍이 불고 있는데, 이들의 식습관 또한 바뀌게 될지 의문이다. 20년, 30년 후 인도인들의 모습이 벌써부터 궁금해진다.

종교가 되어버린 크리켓

시험이 얼마 남지 않아 외출을 최대한 줄이고 시험공부를 하던 중, 오랜만에 며칠 먹을 장을 보기로 결심하고 집을 나섰다. 거리에는 소와 개들 말고는 딱히 사람들이 눈에 띄지 않을 정도로 거리는 한산하고 조용했다. 날씨가 그렇게 덥지 않은 3월이었는데도 이상하리만큼 거리에는 사람들이 없었다.

그렇게 썰렁한 거리를 지나 시장으로 향하고 있는데, 갑자기 "와~", "오~" 하는 탄성 소리가 여기저기서 들려왔다. 그 소리를 쫓아가 보니 그곳에 많은 사람들이 모여 웅성거리고 있는 걸 볼 수 있었다. 호기심에 그들이 있는 쪽으로 가 보았더니 어느 가전제품 판매점 앞에서 TV를 보며 환호하고 있었다. 그날은 바로 크리켓 월드컵 인도경기가 있는 날이었다.

2003년 2월부터 3월에 걸쳐 열린 이 크리켓 월드

컵은 2002한일월드컵 때의 한국인들처럼 인도인들을 잠 못 드는 열광의 도가니로 빠지게 만든 날들이었다. 이 크리켓 월드컵에서 인도는 예상을 뒤엎고 결승까지 오르며 세계최강 호주에 이어 준우승을 거두는 기염을 토했고, 한동안 나라가 들썩거렸다.

잘 해야 4강 정도라는 예상을 뒤엎고 승승장구하며 결승까지 올랐던 인도 팀의 활약을 반영하듯 인도 전국에 크리켓 월드컵 평균 시청률이 20%가 넘었을 정도로 전 국민적인 관심을 불러 일으켰다.

크리켓은 배트를 가진 타자가 상대방 투수의 공을 쳐 점수를 내서 승부를 가린다는 것으로만 보면 야구와 흡사하다고 생각할 수 있지만, 공격과 수비를 팀당 한 번씩 하는 것과 경기 시간이 야구와는 다르다.

크리켓은 보통 10시간 정도 경기를 하고 길게 하는 국제경기에서는 5~6일 동안 경기를 해 승부를 가리기도 한다. 경기 방식은 경기장 한 가운데 공격 팀 타자 2명이 서고 상대편 투수가 공을 던진다.

여기서 중요한건 타자 뒤에 있는 주문柱門인데, 세 개의 막대기를 세워놓은 주문 위에 가로 막대기를 상대방 투수가 공을 던져 맞히면 그 타자는 아웃이 된다. 타자는 투수가 주문을 향해 던지는 공을 쳐 점수를 내는데 야구와는 다르게 파울이 없어 타격한 공이 어느 곳을 향해도 무방하다.

그라운드 밖으로 벗어나면 6점으로 가장 큰 점수를 얻게 되며 공이 넘어가지 않고 굴러 경기장 끝을 맞히면 4점, 그 외에 점수는 타자가 주문을 왔다갔다 하는 횟수에 따라 부여된다.

우리가 야구와 축구에 열광하는 것처럼 인도인들은 크리켓에 열광한다. 학교에 들어가지도 않은 어린 아이들부터 청소년, 대학생, 일반인들까지도 공과 배트 그리고 운동장만 있으면 어디에서든 크리켓을 하는 것을 쉽게 볼 수 있다.

특히 우리의 한일전과도 같은 인도-파키스탄전이 열리는 날이면 거리는 텅 비고 모두들 TV 앞에 모인다. 특히 경기결과에 따라 어느 지역에서는 유혈 사태가 벌어질 만큼 크리켓에 울고 웃는다.

크리켓은 13세기 영국에서 처음 시작되었고 18세기 후반 경기규칙과 경기연맹 본부가 만들어져 영연방 국가에 소개되며 인기를 얻기 시작한 스포츠로, 특히 인도에서만큼은 전 국민이 열광할 정도의 국민 스포츠로서 인기를 한몸에 받고 있다.

인도에서 크리켓 스타는 그 누구보다도 최고의 부와 명예를 가진다. 인도 대표 팀 주장의 영향력은 인도 총리 다음으로 크다는 말이 나올 정도로 인도 국민들에게 크리켓은 아주 중요한 삶의 요소다. 그래서인지 국민적 관심과 인기를 한몸에 받고 있는 선수들의 몸값은 천문학적인 액수를 능가한다. 인도 최고의 크리켓 스타 서친Sachin Ramesh Tendulkar이 순수 광고비용으로만 한 해 벌어들인 돈만 수십억 원에 이른다.

2008년 크리켓 프로리그인 IPLIndian Premier League이 인도에서 출범함에 따라 크리켓 열기는 더욱 커져가고 있다. 8개 구단으로 출범한 프로리그는 선수 연봉에서도 우리나라 프로스포츠를 능가할 정도로 인기가 하늘을 찌르고 있으니, 세계적 기업들 간의 크리켓을 이용한 스포츠 마케팅의 열기도 불꽃을 튀기고 있다. 기업들이 크리켓에 쏟아 붓는 마케팅 비용은 세계 최고의 프로리그로 불리는 유럽 축구리그에 버금간다고 한다.

언제부터인가 스포츠 이상, 종교가 되어버린 크리켓은 그들에겐 자부심이자 삶의 한 부분이다.

할리우드 부럽지 않은 볼리우드

"뚬바스 아에 유 무스끄라헤 또무네나 자네꺄… 써프네 디카에…."

한 음절 한 음절을 불러 주었다. 발음 나는 대로 수첩에 옮겨 적어 여행 중에 인도인들을 만나면 내가 그 노래를 안다는 걸 자랑이라도 하듯 부르기 시작했고 어느새 난 인도인들과 친구가 되어 있었다.

그 노래가 무슨 노래인지 뜻이 무엇인지는 알 수도 없었고 중요하지도 않았다. 그 노래 하나만으로 그들과 동화될 수 있다는 것이 가사의 의미보다 중요했기 때문이었다.

그렇게 첫 번째 인도여행에서 배운 그 노래는 아직도 머릿속에서 지워지지 않는 내가 부를 수 있는 유일한 인도 노래로 남아 있다.

인도 최고의 영화배우 샤류칸Shah Rukh Khan과 까졸Kajol Mukherjee이 출연하여 대학시절부터의 그들의 사랑과 우정을 그린 로맨틱 코미디 영화로 1990

년대 후반 인도를 강타하며 국민적 열광을 불러일으킨 〈꾸치 꾸치 호따헤Kuch Kuch Hota Hai〉의 주제가였다.

〈꾸치 꾸치 호따헤〉의 포스터

기차 안에서 어른 아이 할 것 없이 노래를 가르쳐 달라고 하면 열에 아홉 사람은 이 노래를 불러 주었다. 이 노래를 이렇게 많은 인도인들이 알 정도면 인도에서 영화가 대중에 미치는 파급이 엄청나다는 걸 느낄 수 있다.

그동안 노래도 배워 부르고 다녔는데 인도영화 한 편은 보고 가야지 하는 마음에 뭄바이 시내를 돌아다니다 어렵지 않게 극장 하나를 찾을 수 있었다.

영화 속 주인공들은 화려한 율동으로 춤을 추고, 노래를 불렀다. 이게 영화인지 뮤지컬인지 구분이 안 될 정도로 영화에서 춤과 노래의 비중이 상당했다. 자막이 없어 무슨 내용인지도 모르고 본 영화였지만 춤과 노래 때문에 흥이 절로 났다. 2시간 가까이 되자 영화는 끝이 나는 듯했고, 사람들은 밖으로 나가기 시작했다.

말은 알아들을 수 없었지만 결말이 좀 흐지부지 하다는 느낌이 들었는데 알고 보니 영화가 끝난 게 아니고 관객들에게 화장실 갈 시간을 준 것이었다. 10분 후 영화는 다시 시작했고, 2시간가량을 더 보고 나서야 끝이 났다.

〈모하바뗀〉의 포스터

내가 처음 본 이 인도 영화는 DVD로 구입해 10번도 넘게 본 사랑이라는 의미의 〈모하바뗀Mohabbatein〉이라는 영화로 사랑을 믿지 않는 구세대와 사랑을 믿는 신세대 간의 갈등을 그린 영화다.

인도의 전통적 세대와 변화하는 신세대를 대표하며 과도기적인 시대상까지 반영해 인도판 〈죽은 시인의 사회〉로 불린 영화다. 난 아직도 인도 영화 중 볼 만한 것을 추천해 달라는 주위사람들의 질문에 자신 있게 이 영화를 추천한다.

미국에 할리우드Hollywood가 있다면 인도엔 볼리우드Bollywood가 있다고 말할 수 있을 정도로 인도에서 영화는 IT와 함께 또 다른 자부심으로 자리 잡고 있는 산업이다.

현재 뭄바이Mumbai의 영국 지배시절 지명인 봄베이Bombay와 할리우드Hollywood의 조합으로 탄생한 볼리우드Bollywood는 더 이상 인도 내에서만 알려져 있는 이름이 아닌 세계적으로 인도영화를 대표하는 단어가 되었다.

벌써 제작편수에서만큼은 미국을 월등한 차이로 따돌리고 세계 1위가 된 지 오래다. 3시간이 훨씬 넘는 상영시간과 권선징악, 해피엔딩의 스토리, 뮤지컬보다 더 화려한 영화 속 춤과 노래 그리고 세계 미인의 기준으로도 평가받고 있는 인도의 미녀 영화배우들 또한 인도영화를 대표하는 특징이다.

인도가 이렇게 엄청난 제작편수로 세계 1위의 영화 제작국으로 올라선 이유는 다문화에 따른 언어의 다양화로 인해 각 지역별로 나른 언어를 사용한 영화제작을 하기 때문이다.

힌디를 중심으로 한 볼리우드를 비롯해 첸나이를 비롯한 타밀어 중심의 영화, 캘커타의 뱅갈어 중심의 영화 등으로 경쟁이라도 하듯 자신의 언어로 된 영화를 제작하고 있다.

또한 서민들에게 마땅한 오락거리가 없었던 시기

에서부터 영화는 유일한 오락거리이자 활력소였다. 또한 이들이 인도영화에 이렇게 광적인 것은 아미따브 밧잔Amitabh Bachchan부터 샤루칸을 거치며 만들어진 스타계보에서도 찾을 수 있다.

인도를 대표하는 유명 일간지에 이들 스타들의 일거수일투족을 매일 다루는 연예 섹션이 따로 있는 것만 보아도 인도인들의 영화에 대한 관심이 대단하다고 할 수 있다.

대도시에 우후죽순처럼 생겨나고 있는 최신 현대식 시설의 멀티플렉스 영화관은 광적인 인도영화 마니아들을 위한 또 다른 메카로 자리 잡고 있다.

인도영화는 해외시장에서도 호평을 받을 정도로 작품성도 인정받고 있다. 2001년 베니스 영화제 황금사자상을 수상하며 인도영화를 세계에 소개한 〈몬순웨딩Monsoon Wedding〉은 인도영화의 전형적 특징인 춤과 노래를 빼고 작품성으로 세계시장에 인도영화를 소개해 호평을 받았다.

최근에는 영국을 비롯한 다른 국가와의 영화산업 협력 및 공동제작 등으로 영역을 넓히고 있는데, IT와 함께 인도를 이끌 차세대 성장 동력으로 성장할 수 있을지 귀추가 주목된다.

요가의 나라

"하하하하", "짝짝짝" 아침마다 나의 단잠을 깨우는 웃음소리와 박수소리들.

귀마개를 하고 잠을 자도 항상 새벽 불청객들로 인해 고통의 나날을 보내야 했다. 아침마다 집 앞 공원에 모여 동네가 떠나가도록 웃고 박수를 치는 사람들, 저들은 도대체 누구란 말인가?

대부분 나이가 지긋한 중장년층이라는 것 외에는 특별한 게 없어 보였다. 아침마다 동네 반상회를 하는 것인지, 아니면 운동을 하는 것인지, 운동을 한다면 왜 저렇게 요란하게 하는 것인지, 왜 하필 새벽 일찍 일어나 나를 괴롭히는 것인지 등등 졸린 눈을 비비며 발코니에 앉아 멍하니 그들을 바라보던 아침마다 나는 수많은 상상을 했었다.

얼마 후 그들이 요가를 하는 것이라는 걸 친구에게 듣게 되었다. 그때까지 요가란 다리를 목 위로 올리고 이상하고 힘든 자세를 하며 고행을 하는 것만 상상해 왔었는데 동네가 떠나가도록 웃고 박수를 치는 것도 요가라고 하니 처음엔 잘 이해가 되지 않았고 한편으론 어의가 없었다.

웃음요가를 하는 사람들

한국하면 태권도를 떠올리는 것처럼 인도하면 요가라는 기호가 성립될 정도로 요가는 인도에서 빼놓을 수 없는 이야깃거리다. 요가는 인도, 아니 힌두라는 사회적 테두리 안에서 그들에 의해 자연스럽게 실천되고 있다. 요가는 웃음요가나 박수요가뿐만 아니라 우리가 잘 아는 명상요가 등 그 종류만 해도 수없이 많다고 한다.

산스크리트어로 '통합' 또는 '융화Integration'라는 어원에서 생겨났다는 요가Yoga는 인간이 살면서 가장 융화되고 조화되는 삶을 살 수 있게 하는 수련이나 과정의 일체를 배우는 것을 의미한다.

이 수행을 위해 가장 강조되는 것이 몸과 마음의

일체이자 조화로, 이 때문에 요가는 몸과 마음의 과학적 치료법으로도 알려져 있다.

요가의 역사는 인도문명의 시작과 함께 한다. 기원전 2500년경 인더스문명의 유적에서도 요가를 수련하는 모습을 보여주는 인장이 출토되어 그 시대에도 요가가 행해졌다는 설을 뒷받침해주고 있다. 학자들 중에는 요가의 역사가 그보다 더 오래된 기원전 5000년 이상이라고 주장하는 이들도 있다.

외국에는 요가의 목적을 육체적 운동을 통한 건강증진과 균형 잡힌 몸매를 유지하는 역할 정도로만 알려져 있다.

하지만 요가에서 강조하는 궁극적인 목적은 몸과 마음의 일체로부터 초현실적 해탈(解脫, Moksha)의 경지에 이르는 것이라고 한다.

요가를 논하면서 빼놓을 수 없는 부분이 바로 인도 전통의학인 아유르베다Ayurveda이다. 한국의 동의보감 정도로 생각되는 아유르베다는 요가와 아주 밀접한 관계를 갖고 있으며 요가 또한 아유르베다의 한 부분으로 생각되고 있다.

아유르베다는 요가와 마찬가지로 산스크리트어에서 어원을 찾는데 아유르ayur는 '생명', 베다Veda

는 '지식'이라는 뜻으로 생명과학이나 의학의 의미를 가진다. 아유르베다를 기초로 한 약품이나 화장품 등은 인도의 자랑으로까지 여겨지며, 어느 호텔에 가더라도 아유르베다 마사지를 받을 수 있을 정도로 인도를 대표하는 전통 의학이자 과학이다.

아유르베다와 요가 모두 힌두교의 종교적 부분이 의학과 조화가 되어 이루어진 것으로 알려져 있다. 이것만 보아도 힌두교라는 종교가 종교의 역할로서만이 아닌 인도인들의 삶 모든 부분에 영향을 미친다는 걸 알 수 있다.

아침마다 나를 괴롭혔던 그 박수와 웃음소리는 나를 아침형 인간으로 만들어 주었고 언제부턴가 새벽 일찍 동네 공원을 돌며 그들을 지켜보기 시작했다. 그리고 그들에게 물었다. "왜 아침마다 요가를 하나요?" 그들이 대답했다. "건강에 좋기 때문이죠.", "정신이 맑아져서 좋아요." 해탈을 목적으로 요가를 한다고 대답한 사람은 단 한 명도 없었다.

이제는 요가가 초현실적인 이론보다 현실에 부합하는 목적으로 그들의 삶에 녹아 있는 듯했다.

내 눈 안에 인도

학기가 끝나갈 무렵, 전공과목인 관광학 시간이었다. 시험이 가까워지고 있어 각자 시험공부에 필요한 노트를 정리하느라 수업에 나오지 않는 학생들이 많았다.

평소에 비해 출석률이 낮아 얼마 안 되는 학생들과 수업이 진행되었고, 교수님께서는 갑자기 인도 문화유산과 관광산업과의 관계에 대해 학생들에게 질문을 하기 시작했다.

"인도의 매력과 장점이 무엇이라고 생각하나?"

교수님의 갑작스런 질문에도 인도 학생들은 기다리고 있었다는 듯 거침없이 대답하기 시작했다.

"우리는 넓은 영토에 아름다운 자연환경과 야생생태 공원을 갖고 있습니다", "아름다운 남인도의 해변들과 천혜의 자연 히말라야를 인도의 매력이라 할 수 있습니다", "타지마할을 비롯한 세계적인 문화유산과 갠지스강 같은 힌두문화가 우리 관광산업의 자산입니다".

 교수님의 질문 의도가 어떤 것인지는 몰라도 관광학 수업이기 때문인지 학생들 모두 인도 관광의 매력과 문화유산 같은 우리가 흔히 인도 가이드북에서 찾아볼 수 있는 내용들을 대답했다.

 '어떻게 대답을 해야 될까' 하는 생각도 제대로 못한 채 내 차례가 왔고 무슨 말이든 해야 했다.

 "인도에 대해 아직 잘 모르겠습니다."

 교실은 웃음바다가 되었고, 교수님께서도 정말 어이가 없으셨는지 웃음을 지으셨다. 지금 생각해봐도 왜 그런 대답을 했는지 이해가 잘 되지 않는다. 결국 나는 다음 시간까지 그날 못한 답을 숙제로 받고 수업은 끝이 났다.

 나는 다음 시간까지 내가 생각하는 인도의 장점과 미래에 대해 리포트를 작성해 발표해야만 했다. 다른 학생들처럼 간단하게 대답하면 될 것을 괜히 모른다고 했다가 큰 짐을 얻은 기분이었다. 어떻게 써서 제출할까 수도 없이 생각하다가 우연히 인도 여행 중에 낙서처럼 수첩에 적어놓았던 메모를 보게 되었고, 그 작은 수첩이 나에게 해답을 주었다.

 며칠 후 수업시간, 교수님은 리포트를 발표하라고

하셨고 나는 적어온 글들을 읽어 내려가기 시작했다.

"저는 아직 인도에 대해 잘 모릅니다. 가끔 누가 인도에 대해 얼마나 아느냐고 물으면 전 항상 잘 모른다고 대답합니다. 제 눈 안에 인도는 그저 질서가 없는 혼란 속에 존재하면서 그들만의 질서가 있고, 사람과 동물 그리고 자연 모든 것이 어지럽게 섞여 있는 듯하면서도 아무렇지 않게 공존해 살아가고 있습니다. 버스에 사람이 매달려가도, 작은 스쿠터에 일가족 4명이 올라타고 달려도, 차도에 소가 끄는 우차가 지나가고 코끼리가 지나가도 인도에서는 전혀 이상하지 않습니다. 종교도 다양하고 가는 곳마다 언어가 다르고 음식도 다릅니다. 종교, 언어, 문화 모든 것이 섞여 돌아가고 있어 아주 복잡한 나라 같지만 한편으로는 단순해 보이기도 합니다. 인도인들과 다투고 때론 그들의 논리를 이해할 수 없어 화가 날 때도 많았습니다. 하지만 그런 인도사람을 이해 못하는 내가 그들에게는 이상한 사람일 수도 있다는 생각이 들었습니다. 이것들이 제 눈 안에 있는 인도의 모습입니다. 그리고 제 눈에 비친 이런 인도는 저에게 만큼은 큰 매력입니다. 전 이런 인도를 좋아하고 사랑합니다."

버스 위로 올라타는 사람들

짧은 발표가 끝났고 교수님은 웃음으로 인사를 대신해 주셨다. 인도 학생들이 내 눈에 비친 이런 인도를 어떻게 생각했을지 아직도 의문이다. 그들의 눈에 비친 인도와 이방인인 나의 눈을 통한 그들의 나라, 인도에는 어떤 차이가 있을까?

인도에 첫 발을 들여놓은 순간부터 지금까지 인도 안에서 그들과 함께 숨쉬고 인도를 이해하려 했다. 하지만 난 아직도 인도에 대해 잘 모른다. 지금까지 내 눈 안에 비친 인도보다 비쳐질 인도가 더 많기에 나는 오늘도 인도를 배운다.

웃고 있는 인도여인

이곳만은 꼭 가보자 Ⅴ

◉ 마지막 남은 천혜의 자연, 아시아의 알프스 라닥Ladakh

천혜의 자연, 라닥

"미국의 그랜드캐니언이나 호수의 자연보다도 아름답습니다. 이런 자연환경은 세계에서 정말 찾아보기 힘들 겁니다."

프랑스에서 온 사진작가는 벌써 그곳에 3개월 넘게 머무르고 있다고 했다(라닥의 레에서).

20루피(약 500원)로 저녁 식사를 해결할 수 있었던 아주 작은 식당이었다. 식사할 때 어두워 촛불을 켜놓고 밥을 먹었는데 하루에 4시간밖에 전기가 들어오지 않는 곳이었다(라닥의

라닥의 소모리

라마유르에서).

 밤에 화장실을 가야 했는데 마을에 화장실이 하나밖에 없다고 했다. 작은 볼일이라면 집 옥상에서 해결하라고 주인은 웃으면서 말했다. 이틀 동안 삶은 감자만 먹었다. 딱히 먹을 것도 없었고 생수를 살 만한 가게조차 없었기 때문에 먹을 수 있는 거라곤 감자밖에 없었다. 마을에 하나뿐인 우물에서 물을 길어 그 물을 끓여 마셔야만 했다(라닥의 소모리와 소카에서).

 인도의 최북단 잠무&카슈미르Jammu&Kashmir주의 라닥Ladakh 지방을 여행하면서 경험했던 일들이다. 아름다운 히말라야의 자연환경과 매력적인 전통 라마교문화가 혼합되어 독특한 문화로 발전되어온 이곳은 겨울이면 기온이 영하 20도 아래로 떨어지는 혹한과 연강수량이 100m 정도밖에 되지 않는 환경 속에서도 스스로의 독특한 문화를 만들어온 곳이다.

이곳은 행정구역상으로는 인도에 속하지만 종교, 문화, 언어 등 모든 면에서 인도보다는 티베트문화에 가깝다고 해도 과언이 아닐 정도로 인도문화와는 동떨어진 분위기를 느낄 수 있는 곳이다.

해발 3,500m가 넘는 곳으로 사람이 사는 곳 중 세계에서 가장 높은 지역인 라닥 지방의 중심 도시 레Leh는 인도에 편입되기 전까지 티베트에 속해 있던 도시로 10세기경에 티베트에서 분리되었다. 라닥 왕국의 수도로서 번창했던 레는 작은 티베트로 불리기도 한다.

이곳은 1970년대 초까지 외국인의 출입이 허용되지 않았을 정도로 인도 독립 후 중국, 파키스탄과 국경 분쟁이 끊이지 않았던 중요 군사요충지였다. 카슈미르 지역의 이슬람교와 이곳 티베트 라마교와의 종교 갈등 또한 끊이지 않고 있지만, 1970년대 이후 외국인 관광객의 출입이 허용되면서 전 세계 대중매체에 알려지기 시작했고 세계에서 마지막 남은 천혜의 보고로 소개되었다.

라닥의 세계최고 높이의 자동차도로

그후 세계의 유명 사진작가나 여행가들이 몰려들기 시작

했고 그로 인해 도시의 규모가 커지면서 환경오염도 점점 심각해지는 안타까운 실정이다.

이곳에는 라닥 왕국 전성기였던 17세기에 지어진 레 왕궁 Leh Palace과 티베트문화와 미술의 진수를 볼 수 있는 많은 라마교 사원이 있다. 이곳을 방문하는 가장 큰 이유 중 하나는 버스나 지프로 2~3시간 남짓 거리에 떨어져 있는 알치 Alchi라는 마을과 거기에서 다시 2~3시간 더 가면 나오는 라마유루Lamayuru라는 작은 마을로 향하는 길들에 펼쳐져 있는 설산들과 천연 그대로의 자연 때문이다. 이는 보기만 해도 모든 이들이 감탄을 자아낼 만큼 아름다운 곳이다.

이곳 알치, 라마유르와 더불어 레의 북쪽으로는 세계에서 가장 높은 모터로드인 칼둥라Kardung la와 누브라 벨리Nubra Velly, 동쪽으로는 아시아에서 제일 크다는 판공Pangong호수 그리고 남쪽으로는 천연의 호수를 유지하고 있는 소모리Tso Morri와 소카Tso Kar 등의 주요 여행지가 있다.

이곳을 방문한다면 모두 다른 세계 어디에 이런 자연이 존재할까라는 생각이 들 정도로 천혜의 자연을 자랑한다.

"인도에서 여행할 만한 곳 좀 추천해 주세요?"라는 질문을 받을 때마다 자신 있게 추천하는 곳 중 한 곳이 세계에 마지막 남은 천혜의 자연이라고 하는 바로 이 곳, 라닥Ladakh이다.

간단한 여행 힌디어

인사/소개/감사/사과

- 안녕(편한 인사) 나마스떼 नमस्ते
- 안녕하십니까?(공손한 표현) 나마스떼 지 नमस्ते जी
- 만나서 반갑습니다.
  앞쎄 밀까르 바후뜨 쿠쉬 후이 आपसे मिलकर बहुत खुशी हुई
- 저는 김이라고 합니다. 메라 남 김 해 मेरा नाम किम है
- 저는 한국인입니다. 매 꼬리야이 훙 मैं कोरियाई हूँ
- 한국에 살고 있습니다. 꼬리야 메 레흐따 훙 कोरिया में रहता हूँ
- 성함이 어떻게 되십니까?
  앞까 슈브 남 꺄 해? आपका शुभ नाम क्या है ?
- 다음에 또 만나요. 피르 밀랭게 फिर मिलेंगे
- 감사합니다. 슈끄리아 शुक्रिया
- 별 말씀을요. 꼬이 바뜨 네히 कोई बात नहीं
- 죄송합니다. 마뜨 끼지예 माफ कीजिए

질문

- 말씀 좀 여쭙겠습니다. 수니예 지 सुनिए जी
- 이것은 무엇입니까? 예흐 꺄 해? यह क्या है ?
- 어디입니까? 까항? कहाँ ?   ■ 언제입니까? 깝? कब ?
- 몇 시입니까? 끼드네 바제 행? कितने बजे हैं ?
- 누구십니까? 꼰? कौन ?   ■ 왜 그렇습니까? 꾱? क्यों ?

대답

- 예. 지 항 जी हाँ
- 아니오. 지 네히 जी नहीं
- 못 알아 듣겠습니다. 네히 사마지 नहीं समझी
- 저는 힌디를 할 줄 모릅니다. 힌디 네힝 아띠 हिन्दी नहीं आती
- 영어로 말씀해 주세요. 앙그레지 메 바따이예 अंग्रेजी में बताइए

- 천천히 말씀해주세요. 디레 쎄 바따이예 धीरे से बताइए
- 다시 한 번 말씀해주세요. 피르 바따이예 फिर बताइए

교통/길찾기

- 버스 정류장이 어디인가요? 버스 스땁 까항 해? बस स्टॉप कहाँ है?
- 이 버스는 델리(지명)에 갑니까?
  예흐 버스 딜리 자띠 해? यह बस दिल्ली जाती है?
- 어느 버스가 델리(지명)로 갑니까?
  꼰 씨 버스 딜리 자띠 해? कौनसी बस दिल्ली जाती है?
- 델리(지명)까지 얼마나 걸리나요?
  딜리 따끄 끼뜨나 라그따 해? दिल्ली तक टाइम कितना लगता है?
- 버스비는 얼마인가요? 끼라야 끼뜨나 해 किराया कितना है?
- 델리(지명)에 도착하면 알려주세요.
  딜리 아네 빠르 바따 디지예 दिल्ली आने पर बता दीजिए
- (주소를 보여주면서) 이곳으로 가주세요. 야항 자나 해 यहाँ जाना है
- 델리(지명)까지 시간이 얼마나 걸립니까?
  딜리 따끄 따임 끼뜨나 라그따 해? दिल्ली तक टाइम कितना लगता है?
- 기차역(지명)까지 요금이 얼마입니까?
  레일웨이 스떼이션 따끄 끼뜨나? रेलवे स्टेशन तक कितना?
- 비쌉니다. 메헹가 해 महंगा है
- 조금 깎아주세요. 토라 껌 끼지예 थोड़ा कम कीजिए
- 여기 세워주세요. 야항 로끄 디지예 यहाँ रोक दीजिए
- 기차역은 어디에 있습니까?
  레일웨이 스떼이션 까항 해? रेलवे स्टेशन कहाँ है?
- 기차역은 어떻게 갑니까?
  레일웨이 스떼이션따끄 깨세 자따 훙? रेलवे स्टेशन कैसे जाता हूँ?
- 기차예매를 어디서 할 수 있습니까?
  레일가리 까 아략샨 까항 빠르 까르 사끄따 해?
  रेलगाड़ी का आरक्षण कहाँ पर कर सकता है?

- 델리(지명)행 기차표 예약을 하고 싶습니다.
  딜리 까 레져베이션 까르나 짜히예 दिल्ली का रेझर्वेशन करना चाहिए
- 여기가 어느 역입니까?
  예흐 꼰 사 스떼이션 해? यह कौनसा स्टेशन है?
- 다음 역은 어디입니까?
  아글라 스떼이션 꺄 해? अगला स्टेशन क्या है?
- 실례지만, 여기가 어디인가요?
  수니예, 예흐 까항 해? सुनिए, यह कहाँ है?
- 저는 길을 잃었습니다. 라스따 불 가야 रास्ता भूल गया
- 하얏트호텔(기차역, 공항)이 어디에 있습니까?
  하얏뜨 호뗄 까항 해? हायट्ट होटल कहाँ है?
- 하얏트호텔에 어떻게 갈 수 있습니까?
  하얏뜨 호뗄 따끄 깨쎄 자 사끄따 훙?
  हायट्ट होटल तक कैसे जा सकता हूँ?

호텔

- 저렴한 호텔을 구할 수 있을까요?
  사스따 호뗄 밀레가? सस्ता होटल मिलेगा?
- 빈 방 있습니까? 룸 칼리 해? रूम खाली है?
- 방을 보여주세요. 룸 디카 디지예 रूम दिखा दीजिए
- 1박 하겠습니다. 시르프 에끄 라뜨 깰리예? सिर्फ़ एक रात के लिए
- 조식은 포함되어 있습니까?
  나슈따 샤밀 해 꺄? नाश्ता शामिल है क्या?
- 에어컨이 있는 객실을 원합니다.
  에이씨 룸 짜히예 ऐ.सी. रूम चाहिए
- 내일 아침 7시에 모닝콜 부탁합니다.
  깔 수바흐 사뜨 바제 모닝콜 까르 디지예
  कल सुबह सात बजे मोनींग् कॉल कर दीजिए
- 체크 아웃은 몇 시입니까?
  체크 아웃 또 끼뜨네 바제? चैक आउट तो कितने बजे?

- 오늘 체크 아웃하려고 합니다.

  아즈 체크 아웃 까룽가 आज चैक आउट करूँगा

식당

- 이 근처에 식당이 어디 있습니까?

  아빠스 메 레스또랑 해? आपस में रेस्टोरंग है ?
- 메뉴판 주세요. 메뉴 디지예 मेन्यू दीजिए
- (메뉴추천을 원할 때)괜찮은 음식이 있습니까?

  꼬이 비쉐슈 카나 해? कोई विशेष खाना है ?
- 미네럴 워터 한 병 주세요.

  에끄 미네랄 워따르 디지예 एक मिनरल वटार दीजिए
- 시간이 없습니다. 음식을 빨리 주세요.

  따임 네히 해, 잘디 디지예 टाइम नहीं है, जल्दी दीजिए
- 모두 얼마입니까? 쌉 끼뜨네 행? सब कितने हैं ?
- 정말 맛있습니다. 바후뜨 스와디슈뜨 해 बहुत स्वादिष्ट है

쇼핑

- 얼마인가요? 담 꺄 해? दाम क्या है ?
- 입어 봐도 됩니까? 뻬헨 까르 사끄따 훙? पहन कर सकता हूँ ?
- 좀 큽니다. 토라 바라 해 थोड़ा बड़ा है
- 좀 작습니다. 토라 초따 해 थोड़ा छोटा ह
- 너무 비싸군요. 깎아 주실 수 있습니까?

  메행가 해, 꾸츠 깜 까르 디지예 महंगा है, कुछ कम कर दीजिए
- 교환하고 싶습니다. 바달르나 짜히예 बदलना चाहिए
- 환불하고 싶습니다. 리펀드 까르나 해 रिफंद करना है

관광지

- 매표소가 어디입니까? 띠까뜨가르 까항 해? टिकटघर कहाँ है ?
- 입장권은 얼마입니까? 띠까뜨 끼뜨나 해? टिकट कितना है ?

- 출구는 어느 쪽입니까? 니까쓰 까항 해? निकास कहाँ है?
- 여기서 사진을 찍어도 되나요?
  포또 키쯔 까르 사끄따 훙? फ़ोटो खींच कर सकता हूँ?
- 사진 좀 찍어주시겠습니까? 포또 키찌예 फ़ोटो खींचिए?
- 한장 더 찍어주세요. 에끄 바르 오르 एक बार और
- 화장실이 어디 있나요? 배쓰 룸 까항 해? बैथ रूम कहाँ है?
- (화장실/전화기) 사용해도 될까요?
  이쓰떼말 까르 사끄따 훙? इस्तेमाल कर सकता हूँ?

전화

- 전화기는 어디 있습니까? 폰 까항 해? फ़ोन कहाँ है?
- 수신자부담 국제전화를 걸고 싶습니다.
  껄렉뜨 꼴 까르나 짜히예 कॉलेक्ट कॉल करना चाहिए
- 저는 한국으로 국제전화를 걸고 싶습니다.
  꼬리야 메 폰 까르나 해 कोरिया में फ़ोन करना है
- 영어를 할 줄 아는 분과 통화하고 싶습니다.
  앙그레지 볼르네 왈레 세 바뜨찌뜨 까르나 짜히예
  अंग्रेज़ी बोलने वाले से बातचीत करना चाहिए

긴급상황

병원
- 여기서 제일 가까운 병원(약국)이 어디 있습니까?
  나즈디끄 아스빠딸 까항 해? नजदीक अस्पताल कहाँ है?
- 계속 설사를 합니다.
  라가따르 다스뜨 아 라해 행 लगातार दस्त आ रहे हैं
- 감기에 걸렸습니다. 주깜 해 ज़ुकाम है
- 두통약(감기약) 주세요.
  시르 다르드 끼 다와 디지예 सिर दर्द की दवा दीजिए

도난&분실사고

- 지갑(여권, 가방, 카메라)을 잃어버렸습니다.
  왈렛 코 가야 वालेट खो गया
- 경찰 좀 불러주세요. 뿔리스 꼬 불라 디지예 पुलिस को बुला दीजिए
- 한국 대사관에 연락하고 싶습니다.
  꼬리야 두따와스 메 폰 까르나 짜히예 कोरिया दूतावास में फ़ोन करना चाहिए
- 소매치기를 당했습니다. 젭 까따 가야 해 जेब कटा गया है

기타 표현

- **숫자**

1 에끄 एक	2 도 दो	3 띤 तीन	4 짜르 चार
5 빤즈 पाँच	6 체 छः	7 싸트 सात	8 아트 आठ
9 노 नौ	10 다쓰 दस		20 비쓰 बीस
30 띠쓰 तीस	40 짤리쓰 चालीस		50 빠짜쓰 पचास
60 싸뜨 साठ	70 싸딸 सत्तर		80 아딸 अस्सी
90 너빼 नब्बे	100 쏘 सौ		1000 하자르 हज़ार

- **요일**

월요일 쏨와르 सोमवार	화요일 망갈와르 मंगलवार
수요일 부드와르 बुधवार	목요일 구루와르 गुरुवार
금요일 슈끄라와르 शुक्रवार	토요일 샤니와르 शनिवार
일요일 이뜨와르 इतवार	

- **시간**

1시 10분 에끄 바즈까르 다스 미나뜨 एक बजकर दस मिनट
2시 20분 도 바즈까르 비스 미나뜨 दो बजकर बीस मिनट
3시 30분 사레 띤 바제 साढ़े तीन बजे